清末民初文獻叢刊

復庵遺集

（下册）

[清] 許珏 撰

朝華出版社
BLOSSOM PRESS

復庵遺集卷十三

無錫　許玨

文一

原治上

唐虞以前邈矣三代之不能爲唐虞秦漢之不能爲三代唐宋以降之不能爲秦漢說者曰由風俗之偷也政事之苟也而吾謂不然天下之大利在生齒之繁天下之大患亦在生齒之繁生齒繁則風俗政事隨之而敝矣人之生子也多者或至以十數而寡者至於無嗣計其多寡之中一生二者常也人之生子也早者年未逌冠遲者六十七十而猶提抱焉計其遲早之中三十其大凡也然則一人之身閱三十年則倍之矣又三十年則再倍之矣循是以往未至百年而一人者且十人焉又循是以往未二百年而一人者且百人焉又循是以往未三百年而一人者且千人焉自古

水旱疾疫之災其小者未足以多殺人其大者恒百年而一見然
極其害死者不過半天下而止耳干戈爭奪之患其小者亦未足
以多殺人其大者恒二三百年而一見然極其害雖屠戮至慘亦
必存什一焉夫此民也忽焉去其半甚且去其九草薙禽獮不過
是矣然積百年而亡其半向之十者猶有五也或二百年或三百
年而存什一向之百者猶可什向之千者猶未減於百也然則綜
歲之豐凶世之治亂而計之積三百年一人之身無有不百人者
也或曰人之生也有殤者有夭者有廢疾不能人者有貧不能娶
者有爲亂而覆其族者積三百年安得皆百人曰固也然吾觀天
下夭殤廢疾貧獨禍亂之人不能什之九其綿綿延延世有子孫
者殆不止什之一也即曰不過什之一而由三百年計之雖不百
人其猶有不足十人者乎夫即以十倍之數計之而生齒亦大可
患矣三代以降由漢而唐而宋而明而至於今日其間相距或五

六百年或三四百年亦不僅以三百年爲斷也世世相嬗人相續然則今日之生齒不且十於明百於宋千於唐而萬於漢乎何暇言唐虞三代之治也

原治中

或曰生齒之繁固已然使制民之產貧富相等則風俗不至於偷擢其秀而良者使司牧之愚而愨者衣食奔走焉則政事亦不至於苟也曰勢不能也請勿言國姑以家言之有人於此有田千畝有屋百楹夫若婦安坐而食畜奴婢輿馬裕如也無何而有子數人有孫十數人計產而析之田不足百畝屋不足十楹終歲勤力僅足以食求如向之畜奴婢輿馬不得也然猶未至於貧也迨其曾元則十數人者且數十人且百人人有田十畝屋一楹又承百年窳敝之後俯仰事畜勢不能給於是向之役人者轉而服役於人且夫此百人者智愚不齊也勤惰不一也彼智而勤者早作夜

思苦心勞力雖十畝之耕一楹之庇久之而足衣食久之而畜妻子愚且惰者思區區者終難藉以活也不如貿之貿之而得值猶少緩須臾之死也於是兼幷之事起焉兼幷者非得已也成於彼此之相需也嗚呼天下猶是矣方周之初一夫授田百畝又有所謂一易之地二百畝再易之地三百畝焉又有所謂上地萊五十畝中地萊百畝下地萊二百畝焉豈侈以市惠哉人不足而田有餘也及至戰國井田不能徧給於是商鞅李悝之徒開阡陌辟草萊舉向之溝澮畛涂悉墾爲田又不能徧給於是始聽民得賣買田彼亦從民之欲而養其生也非迫使爲之也然而貧益貧富益富風俗於是不能復古其不能復古由生齒之繁也勢也古之長民者或以德進或以事舉或以言揚周官戴記猶存崖略然觀春秋之世賓興造士事已不行則周制之廢久矣漢人入仕由郡縣吏魏晉以後由九品中正較之今制猶爲近古然而賢否混淆名

實錯亂於時識者已深病之後之人君知賢與否本無定評也於是科舉設焉不問其才行若何所考校者文字一日之長也又久之而糊名易書之禁興焉不辨其文字之工拙何若所憑恃者舉子一日之命也朝而釋褐夕而服官其所爲黜陟幽明者亦絶異於古也然而行之千有餘年世轉相安者何也以其賢否之評不繫乎此也藉使今日而行周之制曰有德蓋一鄉者吾使長一鄉有才高一邑者吾使宰一邑則此所謂賢彼所謂不賢也一人所謂才衆人所謂不才也相譏相毁相傾相軋勢求而賄取蒼素無定色冠履無定位陽爭陰黨朋起角立小者獄訟大者干戈此大亂之道也且古之所謂長民者自比長閭胥以上至鄉大夫此天子之卿也然其所治者萬二千五百家已耳孔子稱子路曰千室之邑可使爲之宰也今天下州縣大者率十數萬戶小者戶亦盈萬彼其所治且什百於子路之治與周之卿也以凡人之材力而

責以什百大賢之任安得不顛蹶乎古者公侯百里伯七十里子男五十里是父子相繼爲治數百年而不易者也其相佐理者有世卿世大夫或數人或十數人亦數百年而不易者也博謀而遠計旦摩而夕揣故其爲治也詳今一縣之治聽於一令令率數年而一易且守署更調之不恒卽有傑出之吏不傳舍視其官實心實政無飾無詐然前者之是後者之非不轉瞬間仍掃地無餘矣自縣令以至於封疆之帥一轍也政安得而不苟乎欲不苟而思以古之道治之則卽吾向所謂大亂之道矣故曰政事之苟亦生齒爲之也勢也

原治下

曰然則政事風俗其終不可復古歟使秦漢以後有堯舜秦漢猶唐虞也宋明以後有堯舜宋明亦唐虞也曰子所期於堯舜者以其心乎抑以其迹乎夫以其心雖治百世以後之天下猶此心也

若其迹則堯舜而生秦漢必不能以唐虞之治治之生宋明并不能以秦漢之治治之也且爲治而期乎堯舜者豈不以其能盡人物之性乎哉夫自秦漢以降人物之不盡其性亦酷矣而生齒之繁猶若是使堯舜爲之至於今其參贊化育者猶將千百於今日也彼政事風俗安得而復古歟曰然則奈何曰堯舜之世尙矣彼孔孟者皆心堯舜之心者也孔子見衞之庶則思富之教之孟子曰制民之產必使仰足以事父母俯足以畜妻子樂歲終身飽凶年免於死亡然後驅而之善此政事風俗之本也能富能教斯謂政事既富既教乃有風俗彼政事風俗者以其心也非以其迹也後世之所慕於古者迹而已矣且夫政亦何取復古哉措施準乎今利澤及乎後不規規於既往而垂緒乎方來斯政之大者也天下之富在農工商而農爲本今中國之土不足以給中國之農則本已病矣古之戒逐末者以其棄田而不耕則地有遺利故爲之

厲禁以防之今以口量地千萬於古不爲商賈何以自活徒執抑末之說而多爲關榷以取盈焉是末又病也農商病則工亦因之矣民何恃而富天下之教存乎士謂其材智之通達古今也謂其廉恥之心之異乎齊民也今叩以古今之宜則茫乎昧乎詰其操守則憂貧嗜利無異於庸人民何恃而教嗚呼天下至大也四海至廣也物力至饒也人之心思智慮日出而不窮也拓海外之地可以廣農通萬國之貨可以裕商精求化治之法可以惠工今之世有先我而爲之者矣人倡之而我賡之策之下也不猶愈於人日富而我日貧乎天下之教亦衆矣求其久而無弊者固莫如周公孔子之教也誠得材智廉恥之士昌明之彼且折而入於我古取士之法雖不可行於今然使多爲之途以延攬天下奇偉非常之人四海之大必有起而應者而仍不廢今之科舉以收茫如昧如憂貧嗜利之徒使不至羣譟而起且馴習之俾自知其陋而求

返凡當世官師兵食之政因革損益之宜一準乎時而不拘陳迹以漸冀於家給人足使天下之民熙然有樂生之心則政事立者風俗自厚將見合中外爲一家聯瀛海爲臂指如是雖時異唐虞何必非堯舜之用心也諺曰天道三百年大變三十年小變非天道之變人事之變也孔子曰如有王者必世而後仁言王者之興必因時度勢斟酌於三十年間而後政事詳風俗美也嗟乎撫今之民圖今之治不獨修言邃古之無當卽陳昭代之令典而二百四十年來亦有今昔之不同焉補敝救偏不主故常是在深知當世之務者

貢舉私議

昔朱子患當時科舉之弊不足以得士嘗著貢舉私議以爲雖不得議於朝猶得私議之於家後世學者誦而韙之今之所論亦猶朱子之意云爾國家承明制以四書文取士天下瑰奇雄傑之才

苟不由是而進則皆謂之雜流行之五百年四書之蘊闡發無遺有司者患其勦說雷同則求之於字句格調之間而風氣之說起蓋於國家求才之意固逕庭矣而士習之卑靡亦隨有司爲轉移所學非所用所用非所學稍有志於當世者莫不思所以易之然康熙之初改策論矣不數年而復乾隆九年侍郎舒赫德疏陳八股之弊宜有釐革卒格於部議至於今日士之所學視乾隆初又不可同日語矣而卒無所以易之者蓋自隋唐而後以文章取士凡詩賦策論皆未足以得賢才特假此爲招則豪傑之士時亦出乎其中八股之文猶是也而託之於聖賢之言其明理較詩賦策論爲近故相沿行之亦較詩賦策論爲久然以今日士之所學亦不得不思變易之變之者非必廢八股也今功令頭場四書文二場經義三場策問四書文以觀其明理經義以觀其考古策問以觀其通今果使三場淹貫豈非通才豈非績學無如有司疲於校

閲士子安於簡陋於是三場祇重頭場頭場祇重首藝徼倖速化者日多刻苦好學者日少有司者既以此進身則亦以此取士不知古訓不達時宜夫是以人才之衰敝如此其極也今日廷臣亦患士習之空疏倡爲三場並重之說矣然有司之精神既苦搜閲之難徧士子之學問未能猝辦於臨時雖經 諭旨頒行其實積弊如故竊謂欲除有司草率之弊當令逐場放榜欲革士子空疏之弊宜令分年治經科場舊例康熙時鄉試每舉人一名錄送科舉六十名遞增至乾隆時舉人一名錄取科舉百名當時已奉有此外不得多取之 旨今則又增十之四五矣（如江南舉人額中一百四十四名而癸酉科入闈者二萬一千餘人）非今日之人文轉盛於康熙乾隆時也錄取者愈濫冀倖者愈多而場外之鑽營場中之搶替種種無恥大率皆此輩爲之今宜一遵乾隆時 諭旨每舉人一名止准錄送入闈百名（此專就江南言之他省或有不及百名者當分別酌定）頭場畢後房考主司逐卷校閲取

五分之一放榜訖是百名祇存二十名矣二場入闈又取五分之一放榜訖是二十名祇存四名矣三場入闈每四名中取一名放榜訖是爲正榜另副榜若干名至會試人數視鄉試較少房考總裁校閱較易而逐場放榜之法亦宜與鄉試同蓋逐場有去取雖欲草率而不能又逐場文卷遞減主司既無疲竭精力之苦亦無久稽時日之慮如此則有司草率之弊革矣自明初至　國朝乾隆初年頭場皆四書文三篇本經文四篇乾隆二十二年始分四書文三篇爲頭場經文四篇爲二場原謂頭場作七藝則經文必草率故寬其時限冀以覘士子底蘊孰意分場之後士子於經旨未必探研慱以易於完卷益思速化然其時尚專治一經也至乾隆五十年禮官因士子改經兼經頭緒煩瑣建言國家敎術昌明經學日盛以後宜概試五經改四篇爲五篇當時奉　旨以事屬創始恐士子未必盡通五經定於某科專取某經以後某科輪取

某經至五科之後始以五經各出一題立法之初非不詳到古人
三年通一經十五年可通五經不知十五年後應試之人少壯不
一未必盡治畢五經也既無專經則五經皆視爲具文幷向之專
習一經者又遠不如矣士子即不通經有司不得不取以足額沿
襲既久士子與有司均不知經學爲何事於是三場專重頭場矣
欲革其弊不如仍仿乾隆間初改五經時某科輪取某經之法如
子丑年鄉會試用易經則卯辰年用書經午未年用詩經至十五
年後周而復始所習有定則心無旁騖即不中式之諸生應試五
次遞習五經較從前專經之例則所學已博視目前不專經之弊
則所習已精亦造就人才之一法也如此則士子空疏之弊革矣
然就今日之三場尚需互易蓋經策不能空疏四書文儘可以空
疏了事既議逐場放榜若頭場仍憑四書文爲去取則通古今者
或早被擯而不與經策之試非良法也擬鄉試頭場經文二場策

問三場四書文會試頭場策問二場經文三場四書文如是則經策並重經策不佳雖工四書文無益也而終以四書文則去取仍重在此與今日功令仍不相背至策問出題每道不得過百字不得繁稱博引致士子以蹈虛之習果能如是行見十年之後人才一變或不如今日之空疏矣以上所論事皆平易可行初非更張駭俗不偏重八股亦不廢八股所謂三場並重之道無逾於此至逐場放榜之說宋歐陽公嘗欲行之分年治經之說朱子嘗言之鄉試先經會試先策近世魏叔子嘗論之蓋科舉之弊古今有志之士莫不扼腕非一人之私言也然以昔人所論與今日士習核之事固有適相合者故撮其大要著之於篇以備當世知言之君子採擇云

讀周禮

天官六十太宰無不統小宰宰夫遞貳焉宮正宮伯掌王宮之政

令膳夫以下十官供王飲食之事醫師以下五官食醫供飲食其四官以類從者也酒正以下九官亦主飲食宮人以下四官掌掃除供張之役大府以下四官主貨藏司會以下五官鈎稽出納而司裘掌皮附焉自內宰至屨人十八官皆典宮中婦女之事者也夏采一官無類可從附於末周禮之亡久矣其書眞僞論者不一要其用意則非盛王之世莫能造也夫以天官之尊而所屬者皆宮中瑣屑之事然職是官者乃朝夕於王左右之人視外廷之臣密邇親狎蓋什伯也此之不愼履霜堅冰患立至矣故先王以天官統之宮中府中俱爲一體良法美意莫備於是後世以宮禁爲宜秘密與外廷不相聞太阿之柄委之於刑餘下賤佞人之禍烈焉漢唐明三朝已事可知也漢以少府主天子私財唐設瓊林大盈等庫受四方進奉宮中用財之數亦與外廷不相聞故服御之靡賞賜之濫作無益而害有益者無算而筦度支者方持籌仰屋

爲不終日之計則以宮府之畛域既分雖有忠臣直士不敢侵其官也我朝　列聖家法崇尚節儉一掃前代之陋宮中嬪御不過二十人太監不過四百人宮女口口人視漢唐之世不及百一故二百四十年來綱紀肅清亦無前代之弊惟內務府奏銷浮冒往往以一報十亦由外廷不與鈎稽之故若令會同戶部奏銷幷派科道按月稽其出納之數則杜侵蝕而肅官常亦猶周官之遺意也夫

正本制用篇辛卯十月

古人制祿謂之代耕漢世官秩皆以石計義猶近古自九品之制行官以品爲尊卑其輕重不屬於祿馴至官極尊而祿極薄會典一品官歲給俸銀一百八十兩以今日米價核之約可購米百石此漢世小吏之祿而今以之待三公蓋亦惑矣服官者藉口祿入之薄則從事於苞苴貨賂吏道之衰由此而起世之言政本者莫

不以重祿爲先務然自軍興以來四十餘年余見營員局員之薪水未嘗不優且厚道員大抵月支百金府州縣以次遞降極於簿尉亦月支二十金十數金不等即簿尉一年薪水計之固已過於會典所載一品之俸矣而此簿尉者亦未嘗贍足方且皇皇營求計較某差之肥某缺之瘠若目前之薪水尚不足酬其勞績也者噫以如此之人心雖加十倍之祿亦安有饜足哉近年簡使出洋凡使臣之薪水三品卿以上月支一千二百金蓋視親王之俸有加厚焉（親王歲俸萬金）隨使之員概從優給卽至供事學生亦支百金（減成以後文八十金）與內地道員當差之薪水同然余兩次出洋從未聞同事諸人有感念國家諮糈之厚者外洋百用昂貴其貽於西俗不知撙節之輩歸之日往往罄積年薪水尚不足以淸逋累亦可慨矣夫官卑祿薄至筮仕者不足以自給自有執其咎者祿厚矣而仍不能自全此又誰之咎歟然則不足生於不儉能儉則自足一人

之儉尤不如一家之儉能使一家皆儉則無以祿薄爲慮矣余行將差滿回華慮吾家之不能儉也故預定其一歲當用之數以告之使知古者祿以代耕之義而無奢望焉且使知余即出而仕固不惟妻子飽煖之謀而自有行吾心之所安者庶幾他日進退綽然有餘裕乎書既訖名之曰正本制用篇

山西商務以禁煙爲本議上

光緒二十二年中丞胡公撫晉奏設商務局籌開煤鐵各鑛築火車路以利轉運由商局借築路洋款銀六百八十萬兩以二十五年爲期開鑛銀一千萬兩以六十年爲期合同既訂山西京官大譁羣議阻止謠諑四起或請停辦或請停借洋款歸山西紳民自辦既而總署卒如中丞言奏請照行余作而言曰山西京官之請停辦非也其言由紳民自辦則是也惜乎不知所以籌款舍借洋債別無辦法耳予自抵晉後每詢諸人不曰山西吸鴉片煙者十

室而九郎曰山西吸鴉片煙者十人而五以予度之當不至若是
衆也意者十戶中必有二三十人中必有一二歟或曰山西吸煙
有留人不留戶之諺謂間有不吸之人斷無一家全不吸者予曰
子勿謂不止此數即以十人中吸者一人計之子知山西每歲所
耗之銀若干乎光緒二十三年民數册山西通省一二百九萬七千
三百七十四戶男女大小一千一百四十九萬二千七百七十一
名口以十人中吸者一人計之已有一百十四萬九千餘人矣煙
癮之大者日或吸一兩其至少者亦須吸一錢煙價高者每兩需
晉錢五六百文其至賤者亦需二三百文吸煙之人富者僅十之
一小康者十之二三貧者居大半富人吸煙日耗錢三五百文即
至貧者亦須日費三五十文今姑謂通省祇一百十四萬九千餘
人吸煙就其貧富之等差約略計之當歲耗銀二千萬兩以外假
使山西之人而不耽此毒則所謂鐵路需款六百八十萬兩開鑛

需銀一千萬兩皆取諸本省而有餘何必向洋人借貸乎使今日
而山西之人即能戒煙不吸則所謂六百八十萬者一千萬者不
待期年而已足何必遲至二十五年而清償六十年而歸還乎夫
往事之誤悔已無及即今改圖來者猶可追也夫吸煙種煙二者
論治本必以禁種爲先論治標則以禁吸爲先吸者少則種者自
少也吸者全受其害種者猶利害參半也欲其少吸不獨禁未吸
者勿吸必令已吸者速戒然亦有不能戒者二一則年老之人氣
血已衰不能戒也一則疾病之人不吸則所患輒發不能戒也然
度此兩種人不過十分之一極多亦不過十分之二而已其餘八
九成則皆以游惰使然沾染成習可以嚴立章程勒限令戒者也
勒戒之法當自省會始立限三月將省城吸煙人數清查造册除
老病不戒外再限三箇月一律戒絕半年之後推行外府州縣先
其近者後其遠者以漸而及不必操之過蹙然外府州縣知省城

業經如此辦理意當有鬨風興起先自清查先自禁止此尤事理之可必者由是而論大約一二年後除老病外可無因游惰而吸煙之人矣今計吸煙所耗之銀如十成中能去其八則晉省歲耗二千餘萬之銀可減去一千六百餘萬不過耗四百餘萬而止耳夫以晉民之貧困即此四百餘萬棄之亦豈不可惜然老病之人一概勒戒亦恐殘其性命既未禁之於先不能不寬之於後立法貴恕宜體人情且老病之人理無能久老者景迫桑榆病者苟延殘喘十年之後死亡必已過半計所耗四百餘萬屆時不過百數十萬而已耳又十年後不過一二十萬而已耳又十年後必無一存者則無銖兩之耗矣此清查勒戒之效也計此三十年中晉省存留未耗之銀歲得一千六百餘萬至二千萬不等合而計之當在五萬萬外以較目前所借洋款六百八十萬及一千萬者不過三十分中之一分耳不獨太原以東之鐵路股票晉人可盡數買

歸即盂平澤潞鑛務股票不數年間晉人必可收至四分之三按
照合同將此鑛先期收回由商務局自辦也故曰晉省京官之言
停辦非也其言歸紳民自辦則是也然必能禁煙乃能還洋款乃
能自辦則山西京官未之言也或曰晉民今日困窮極矣道途所
見面目枯槁食不果腹藍縷而體無完衣頹頹而居無完屋然鮮
不吸煙者今即禁煙勿吸恐未必通省即能歲餘銀一千六百萬
可以築路可以開鑛也予應之曰固也吾意始禁一二年後食必
果腹矣又一二年後衣之破者完屋之頹者整矣時則民氣漸蘇
民心漸奮惰者思勤弱者思強向之貧者可免於貧富者日以益
富方是時也太原以東之鐵路已成盂平澤潞之鑛產漸出晉民
見鑛路股票可以獲利必將出其積年所蓄悉數購歸計其時總
在五年以後十年以前固無俟遠期也且使晉省之民果能禁煙
不吸十年之內又豈僅收回太原以東之鐵路盂平澤潞四屬之

鑛務乎夫自太原以西迤南而汾州而平陽而蒲州計程不過千一百里由韓侯嶺以南分道東出澤潞不及五百里由太原北過忻代出雁門抵大同僅六百餘里統計晉境南北聯絡一氣需造路二千二百里計銀不逾三千萬此就境內言之也以境外論由蒲州造鐵路西渡河抵咸陽凡四百里自咸陽分道一出西北一千四百里至甘肅省城一出西南二千一百里至四川省城築北道與陝甘兩省分任之築南道與陝川兩省分任之（蒲州至咸陽需銀五百萬）（咸陽至蘭州二千萬 咸陽至成都三千萬）計銀亦不過五千五百萬分任則我所籌者二千七百五十萬耳而西路南北數千里之利權盡籠而為我有矣若由澤州而東南趨滎陽由潞安而東北走邯鄲計程均不過五百餘里以視獲鹿至太原路短省費而聯接直豫兩境北至津榆南通江海猶咫尺間東方之消息既靈海外異域之貨且輻湊於晉總之用三千五百萬築境內鐵路用三千萬合陝甘川三省

築境外鐵路而我山西四通六闢之形勢已成此皆十年內外財力可辦之事而其樞紐則繫於禁煙一端無待他求竊願今日辦晉省商務者取吾言而熟思之也

築鐵路自是今日强國首務泰西鐵路之興在於道光初年至今僅八十載而各國互相長雄遂成不可遏抑之勢中國當事諸賢平日絕不綜覈時變一以深閉固拒爲上策故至今猶以鐵路爲疑憶余丙戌年初至美國暇時偕同人閒步園林小憩一西人趨前握手極道嚮慕中國之意既而謂繙譯某君曰僕有一事不解中國人稟性聰穎嘗爲地球之冠然如鴉片之害歐美各國懸爲厲禁中國獨甘之如飴有議禁者輒搖手以爲難鐵路之利歐美各國由此勃興中國獨堅不肯信有議築者輒瞪目以爲妄何其利害倒置若是耶繙譯不能答西人笑而去某君以告余聞而憮然由今思之使以三十年來購買洋藥

之銀築造鐵路每年洋藥來華價值銀三千萬三十年當得九萬萬可築路九萬里其富強當若何詎至今日跋前疐後受侮外人若是哉往者不可諫來者猶可追檢閱此稿因附誌之

篇中築境外鐵路一層尙係縱筆所之一時興到之語試思境內鐵路既至蒲州距潼關咫尺彼陝省之人有不踴躍奮迅急起聯築尙待吾之代謀哉是晉省所籌者不過境內鐵路需籌款三千數百萬耳誠使禁煙之後以平時購買土藥之銀轉而築路但使一歲能集銀三百數十萬則十年之後通省之鐵路成而山西眞成强國矣左輦燕齊右襟秦隴北五省之樞紐實在於此若我不亟圖則從旁覬覦者不乏其人一旦太阿倒持授人以柄屆時雖痛哭流涕又何及哉己亥六月囈叟記

山西商務以禁煙爲本議下

或曰禁煙可以富民是固然矣但山西民人所吸之煙半由於本

省自種半由於陝甘河南運販而來今但禁本省之民而外省之來源未絕則民必仍私購外來之煙利歸他省山西之民未必能聽也應之曰吾之議禁煙者將以晉省爲天下倡非獨一省自禁而已方議禁之始中丞必將晉省禁煙之故函告鄰省督撫具公牘請其曉諭本省人民禁止販運煙土入晉又於毗連鄰境之釐卡派員嚴查如有私運煙土入晉者除煙土充公外仍從重議罰且晉省既議禁煙自必先具疏上聞言晉民貧不聊生此舉勢難再緩請　旨勅下鄰省勿得私運致有妨礙度　朝廷未必不俞允也夫人之欲善誰不如我窮則思變衆情所同吾意他省決不甘讓晉省獨爲君子亦必相率嚮應自禁其民之種與吸也故曰將以晉省爲天下倡非獨一省自禁而已或曰今山西每歲徵土藥地畝稅銀十萬九千四百餘兩坐賈釐金九萬六千餘兩行商藥料稅銀五萬七千七百餘兩計通省全年所入銀二十六萬三

千一百餘兩今庫款支絀方藉此補苴若遽議禁煙則此二十六萬金將安從出恐請於　朝而司農亦必謂然也余曰子何輕量當事之甚耶今稅釐所失者不過二十六萬民間所存者乃多至二千餘萬兩兩相較孰得而孰失耶且當議禁之始此二十六萬者亦正不能一旦遽免而去之何則今老病之人既不能戒則所吸之煙將於何購之與其購自外來不如購自本省吾意造册清查之後計老病實數若干人每歲需吸煙若干擔應有若干地畝方足給其所求必詳晰核算一定之數因就向來種煙最繁之區如交城文水代州歸化等數廳州縣派定地畝若干頃暫准種煙其地畝稅則視向來加五倍徵收但老病吸食之人必逐年減少則准種地畝亦必遞年減少其外省煙土既不准入境即將坐賈之釐金加三倍徵收如此則於稅釐初無所損必待通省無一人吸煙無寸地種煙而後稅釐乃悉數蠲去或曰今土藥之稅山西

一省已二十六萬此外見於奏報者如陝西十四五萬他省或一二十萬或二三十萬四川最多計六十萬大約土藥之稅統計各省每年不下二百餘萬如各省皆仿山西辦法禁吸而加稅可通行歟余應之曰可吾意不但以此施之於內地且將以此推之於外洋嘗就稅務司海關貿易册考之近年洋藥入中國雖已較往年減少然光緒二十二年尚五萬數千擔價值三千餘萬兩是年海關徵收洋藥稅釐兩項不及六百萬兩而民間煮成藥膏發售則視洋藥入中國原價必加倍是已耗銀六千餘萬矣上得其一而下耗其十又歲漏鉅款出洋誠仿山西議禁章程各省老病之廢人均吸本地土藥則洋藥來華無過問者勢將不禁而自絕縱或沿海省分不能照腹地省分一律辦理然吸者既少則洋藥之來源必衰稅釐加徵則海關之入款無損國與民交益何憚而不爲此或曰洋藥加徵外國其許我歟余曰此中國自主之權外人

所不能阻猶憶光緒十七年予隨使英國其時英京禁煙會紳士一百六十餘人聯名請英廷禁止印度種販鴉片其言深以積年貽毒中國爲恥當時英上議院答覆此事者爲外部侍郎克蕾與會紳言如中國欲禁止印度鴉片入華或加抽數倍之稅英廷斷不阻止因此啓衅其會紳亞歷山德即以此言來告中國駐英使臣謂此時係中國絕好禁煙機會續又呈遞說帖請函達中國政府時駐英者爲薛叔耘星使即據其說帖函告總理衙門此光緒十八年五月間事是則內地果能禁煙斷不必慮啟衅於外人土藥洋藥同時並禁不獨裕國足民且使外洋各國知中國發憤思治確有自强之機亦足稍戢其覬覦陵侮之意或曰然則曷爲不先禁外國洋藥之來而後徐及於內地土藥其名既正其效必捷余曰勢不便也今爲山西計故禁鄰省外來之煙一省如此辦理他省仿而行之然後徐及於海外雖洋人亦自無詞若先與洋人

議彼且以內地未禁土藥爲言是舍其易者而圖其難者不可也
或曰然則內地之禁各省可行何必自山西始余曰今日山西如
不禁煙則築路洋款六百八十萬開鑛洋款一千萬將於何取償
豈眞待至二十五年及六十年之期乎夫以近年中外事勢言之
即十年之內亦慮其有變遷洋商平日用意至深乘時攘利尤極
巧便若不及早籌款收回萬一事變迭起出人意外至此而追究
首議之人商務局將何以自解且爲晉省商務計無論何項種植
紡織畜牧等事一年之內有能收利至一二千萬者乎舍此不圖
愚孰甚焉故內地禁煙他省或可稍緩山西不得不急急也山西
十年之內能將太原以東之鐵路股票盂平澤潞之鑛務股票盡
數收回且偏造境內鐵路又擇要以造境外鐵路則山西商務局
之財力雄於天下即中丞爲晉民籌富之心亦共白於天下或曰
山西向者亦嘗屢禁煙矣而無其效今日之事恐如往昔將奈何

余曰今日之事與往昔異鐵路鑛務非儲款不能收回非禁煙不能儲款禁則如吾以上所言富强之效立見不禁則貧弱之象亦立見福有基禍有胎惟所自擇故處今日而爲山西策禁煙乃智士救時之先著非迂生守舊之常談也至於以晉省爲各行省倡而幷禁海外洋藥則就事勢而推廣言之猶其後焉者也然天下理數倚伏之機有必出於此者則以今日中國受外侮已深非有此舉不能立起而與外人爭勝非有此舉不能籌款徧造十八行省之鐵路得山西禁煙爲之嚆矢殆天啟之也

陜西種煙之盛不亞於晉甘肅所植尤繁今晉省行銷者本地土藥之外餘皆秦隴產也故晉省如議禁煙必合陜甘兩省籌之誠得三省大吏同心爲國深謀遠慮聯銜入告除此積弊俞旨允行則推此以及沿海各省並禁洋藥販運入口亦易易耳自來天運循環貞下起元豪傑之士深觀時變則起而承之

管夷吾號天下才史遷紀其爲政第曰善因禍而爲福轉敗而爲功今日外侮內憂事變迭作禍敗亟矣竊念　本朝之深仁厚澤　皇太后　皇上之宵旰憂勤豈無夷吾其人應運而生從容補救者乎語曰非常之功必待非常之人中心藏之何日忘之己亥六月甕叟又記

禁煙餘議

余既草禁煙議出以示人疑信各半迄今月餘所聞不一大約謂用意良是而勢不能行因即衆所疑者條析以解其惑

或曰吸煙人數既多徧地皆是清查造册勢必騷擾此開手第一難事應之曰如限通省同時一律清查則誠擾民今先從省會辦起斷無此慮有友人言據省城保甲局云城廂民居鋪肆共七千餘家公館不在內則城內人數並不爲多即使家家有人吸煙清查亦非難事且限以三月爲時甚寬辦理亦有次序今開列如下

一設立禁煙官局凡辦理禁煙事宜俱以此爲總匯　二由地方官出示曉諭先禁城內煙館限半月內一律閉歇踰限房屋發封入官大凡游惰之人其始皆從煙館吸食而起禁此以淸其源　三煙館封閉後除富人及官場必有蓄積煙土無需零購此外不能不向土店購買應即查明省城發售煙土鋪店若干家令每家開具每日售土若干入價若干售與何人逐一詳細登記五日一次繳呈禁煙局一月以後可知省城吸煙人數大概　四禁煙局應設醫院一所延訂名醫數人凡有願戒煙者到院爲之診視又設發兌戒煙丸藥公所按照良方愼選上好藥料配合凡願戒煙者照原價祇取其半逐日登記某某售藥若干住居何處一月以後即願戒之人若干亦可知其大概　五既知省城吸煙人數大概後即派委員十數人按照保甲局所給門牌逐戶挨查內某戶有幾人吸煙或男或女年歲若干係何疾病每日吸煙幾何詳

註册簿察其萬不能戒者由官給予憑單一紙准其五日一次到土店購煙但所購不得逾五日吸食之數如無此憑單而土店私自發售者查出即將該土店封閉其年壯無病者另爲一册亦給憑單一紙准其五日一次到醫院診視購取戒煙丸藥至斷癮之日爲止如按照以上辦法三月之内必可辦妥似無甚騷擾之處省城辦妥後外府州縣可以類推

或曰法之行也必富貴貧賤一律人心乃服今封禁煙館稽查土店而富人及官場蓄有煙土者並不議查議禁何以服衆應之曰吾之議禁煙者乃目覩晉民之貧困欲拯其免於溝壑耳非於吸煙之人一概深惡痛絶之也彼富人者家有餘貲又多暇日茍非志氣奮發卓然自立之人中材以下鮮不沾染此習彼方視此與參苓朮草同功而其不可一日離也較參苓朮草爲尤甚吾何從而查之禁之吾獨怪赤貧之人明知參苓朮草食之有益未嘗效

富人之所爲獨此最毒最害人之物必欲藉口於不禁富人之說以自促其生也至於官員吸煙本干例禁彼誠賢者必不蹈此既已吸矣或因多病或因衰年勢難勸戒且今之所議於貧民老病者尚聽吸食矣必於官員多所苛求如欲轉移此習權在督撫藩臬凡遇差缺吸煙之員一概不委現任者撤省察看期年之內即可弊絕風清然非吾分之所宜言且於吾民之貧富無與故不以此爲急急也

或曰山西自丁戊大祲之後田畝多荒農夫既少雇工日貴如種米麥雜糧則歲之所入除納國課外且不足以償工價故家有十畝者必種數畝罌粟則納課之外方有餘貲以給饔飧今嚴禁不種勢必田畝日荒國賦從何取辦應之曰吾之所以不遽禁種而先禁吸者亦爲是也然種者愈多吸者愈衆向之力能作工者既種則無有不吸未幾而不任作工矣向之有田可種者既吸則所

入無餘未幾而並鬻其田矣以余所聞如此者不一而足則前說亦未可盡信也夫一歲所穫不足以給工值則自度其力所能種者種之少雇工可也一畝之入不足以完國課則地方紳士據實具稟大吏奏聞請減賦可也安有苟且遷就資漏脯以救饑藉酖酒以止渴之理哉

或曰山西吸煙人數向謂十室而九十人而五者亦祇口頭常語如實查其數未必遂有一百十四萬九千餘人當不至有歲耗二千萬兩之數何以言之以上年土藥地畝稅計之本省所產之數不過四千二百餘擔以行商藥料稅計之外省販運來者不過三千八百餘擔統計祇八千餘擔再以坐賈釐金核之通省鋪店銷售之數僅有四千餘擔蓋其半已爲種田之農自吸無從徵收釐金也土藥之價每擔約銀四百兩如此則所耗之銀不過三百二十萬又自種自吸者去其半則所耗僅一百六十萬耳應之曰子

亦知地方官所報地畝稅之數不可爲據乎有友人言昔年就館某縣其地實種煙七千餘畝地方官祇報二千餘畝又見某縣典史言本縣地畝稅每年徵錢一千四百餘千及查上年該縣所報之數僅三百餘千是則報其一而匿其二三者常也又行商之稅向來各省釐卡積習委員匿其一司事巡丁匿其一僅以三之一歸公而商人藏匿不報之數亦十居其五是則徵其一而所隱漏者殆有四五焉若此計算則本省土藥當有一萬五六千擔外省運來者當有二萬擔計山西每歲吸食約有三萬五六千擔之數實耗銀約一千五百萬兩至自種自吸者雖未耗銀而舍可以療飢之五穀易而嗜此戕生之酖毒迨至合家成癮嗷嗷待斃之時其害尤在耗銀之上矣

或曰吸煙宜禁是固然已子曷爲於山西商務牽連及之且指禁煙爲商務之本此吾所未解也應之曰山西所以設商務局者欲

其裕民生而裨國計耳子獨不聞近日之 諭旨乎一則曰商務爲富强要圖再則曰通商惠工古之善政今山西所以貧弱者究因何故歟他省有雖吸而未必種者亦有雖種而不盡吸者山西則種煙之多與他省同而吸食外省之煙且過半是吸煙人數直甲於二十一行省矣他省商務局所辦不過繅絲織布紡紗等事而止耳山西則以鐵路鑛務爲大宗鑛務獲利之多少姑弗具論鐵路利益吾所深知但不速籌有著之款則收回之期總屬渺茫今使禁煙之後一歲祇積銀三百萬則三年之後鐵路早已收回利權全歸掌握其裨益於富强大計豈不明甚安得不與商務一事牽連及之也

賦役全書山西丁糧之數近三百萬與直隸山東河南三省大畧相等嘗疑晉省地瘠境險非畿輔齊豫之比乃額賦相同且歲歲徵收如數略無蔕欠不解何以能綜覈若此一日與友人

言及叩其故友人慨然曰此近年罌粟之種所以日蕃也晉民
謹愿不敢虧國賦而自昔年大祲之後人民彫落雇人種田率
不足償傭値特有罌粟始可酌盈劑虛以致愈重愈繁如在上
者罔恤民隱不思變計再閱十年恐全省徧栽妖卉無麥禾矣
其言與篇中或云第三條同顧取於民者如是及考每年出款
大率以十之六七供京協各餉其供本省官俸軍食公廉驛站
雜用者不及十之三四而所爲災荒之備耕三餘一爲民計者
署無聞焉因憶光緒六七年間予從丁文誠公在蜀嘗縱論蜀
中富饒遠不逮昔公慨然曰四川向無協濟鄰省之款自咸豐
年間戶部指撥款項歲歲加增現協解外省之銀每年不下百
萬以三十年計則三千萬矣凡取民之事如仍用在本省雖重
賦斂不害以其利不外溢也今充協餉則輦運遠方無涓滴歸
源矣相與歎息癸未計偕入都闇文介公方長戶部一日謁見

述文誠公語因誦杜少陵詩珠玉走中原岷峨氣沮喪之句公愀然曰此豈獨四川一省然耶顧以今日之山西與四川較幅員之廣不逮川省之半而丁糧定額五倍於川川省近雖加津貼加捐輸然合計不過二百萬以視晉省尙祇得十之六且蜀地溫沃百貨繁衍晉土寒磽物產寥寥蜀民耐勞敏於工作利源日開晉民則愚闇慵惰百無一解縱有地利亦不知興蜀中協解鄰省餉項始咸豐中晉則拱衛京畿輦送供億已二百餘年夫以蜀之富庶尙有今昔之感況晉之貧瘠又可相提並論乎乃二百數十年來賦役之定制如此因歎晉俗之厚爲不可及而晉民之惰亦固其宜凡民愈貧則愈惰愈惰則愈貧今日之徧栽罌粟家家吸食殆亦困頓無聊氣運使然乎然則當此時而欲挽回浩劫振起頹風固非輕徭薄賦不爲功矣世變無窮天下不乏有心人後之官斯土撫斯民者取吾說而熟思之

以聞於　朝豈獨晉省之幸亦所以鞏　國家億萬年有道之基也或曰今時局方患貧爲此迂談是直麻木不仁不知痛癢語耳嗟乎天下大計豈規規於咫尺之見爭錙銖之利者所能解乎信筆書此知我罪我均弗計焉

附英國禁煙會上薛叔耘副憲書

敬陳者本會總統前在下議院所擬各節蒙大人允許代爲上達中國　國家本會極爲欣喜本會設立已閱十七年會中皆係公保各黨執政之人及各方耶穌教人查一千八百四十年間爲鴉片事兩國搆兵旋經議和修好而鴉片煙從此暢銷於中國有損中國之人且與中國律例相背本會每深悵惜自天津條約稅則定後鴉片不在禁貨之列本會竊揣此非　中朝改變前意謂鴉片無害於民良由歷年戰事所迫之故本會是以竭力欲幫助　中朝冀俾兩國修改條約議加稅則以征爲

禁兩國辯論此事卒於一千八百八十五年立約此約係照中朝之所擬而定當時前任大臣曾侯爵訂立此約嘉許本會之相幫其語載於曾侯信內此信曾刊於一千八百八十六年十二月分本會報單中但本會期望之意不能以為立此條約之後即算完結若印度政府仍然做此害人之貿易本會總不能自安耳本會嘗聞道光年間我國公使勸中國將鴉片作為照例進口之貨並收稅當時中國　大皇帝聖諭曾云欲我收取害我民人之物之稅無論如何必不能說動我本會每思此言極為欽佩我們教中規矩視四海之人皆係同氣譬如兄弟二人兄受其害弟享其利本會大以為不然歷年以來本會每乘機會將此禁煙之事陳說於議院中本年所極喜者議院各紳以鴉片貿易為不是者多於往年本會總統議院紳士賓星比斯於四月初十日擬一應辦之意見如下

本議院之意見以爲但加重印度鴉片稅之辦法非是合理之辦法我們欲力勸印度政府不再給發種煙及賣煙之准單除出售作藥料用之鴉片不計印度政府又應禁止馬爾華鴉片過英國印度之境

此意見一百六十人爲是一百二十九人爲非

我們甚喜各紳意見相合者多當議論時我們又喜聞前孟買總督外部侍郎賓星弗爾克生代國家聲明如下

此事我想我可以聲明儻若中國欲加重鴉片煙稅加至極多如禁止情形或全行禁止不准入口英國必不欲費一鎊金錢以買藥彈及傷一兵強令鴉片入中國

本會欲將此一節緊要之語請大人告知　貴國政府本會亦不敢代　貴國政府設法如何趁此機會禁止此等害中國之貿易但本會所欲表明者儻中國　國家有設法禁止印度鴉

片貿易之意一經本會知悉本會無不竭力幫助刻下英國知吸鴉片之貽毒中國比從前較爲詳悉一千八百六十九年間總理衙門行文於寶星阿里國極言鴉片之爲害茲將此文之譯文另錄於後（文內略言中國售與外洋者絲茶大黃皆有益西人日用之物外洋售與中國之鴉片使華人耽嗜成癮耗財促命流毒至深擬請此後由英國設法禁止不再販運來華云云今檢行篋中此稿已佚故未錄後）此文內載所擬各條彼時竟置之不理亦未答覆若刻下擬有此等辦法必不至於不答覆耳但若擬有此等辦法中國　國家不准內地種罌粟一層亦必須切實擔保在內本會極望大人並中國　國家承受　天祐能速滅此鴉片所生無窮之災難本會並極願中國　大皇帝中國　國家及中國民人昌盛

翰稟敬請鈞安伏乞垂鑒總統比斯首事麥的生參贊阿來山

德代禁煙會簽名

西歷一千八百九十一年十一月十一日

光緒元年英國倫敦都城始設禁煙會其立會宗旨以印度種販鴉片流毒中國爲非擬請政府停止印度貿易郭筠仙侍郎於丁丑歲奉使至英會中紳士來謁發言慷慨請中外合力禁此積弊侍郎即據其言入奏且擬逐年遞減法限二十年除絕奉　旨著各省將軍督撫議奏而將軍督撫例飭司道會議時內地官吏不知海外情形羣嗤侍郎爲彼族所愚扣槃捫燭矣相揣測津海關道黎兆棠痛詆侍郎原奏語尤輕薄直督即據以復奏侍郎之議遂寢而外國禁煙會紳志仍不衰每歲春夏之交必於下議院集議一次以覘舉國議員之從違至光緒十七年議員以禁煙爲是者過半議遂上聞其政府答覆下議院之文遂有任聽中國加稅及禁止進口之語後數日禁煙會紳掃司屋爾阿來山德二人即以此言來告中國駐英公使謂此時係中國絕好禁煙機會請轉達中國政府時駐英者爲薛叔

耘星使囑其將此事始末具一說帖以憑轉達該會紳遂上此書星使因屬余作函幷以此書譯寄總署蓋距郭侍郎初奏時已十四年矣今距該會紳上書時又閱九年外洋販運如故內地種植日繁去年來晉偶與士大夫言及泰西禁煙會事則猜疑之見訕笑之詞仍是光緒初年黎君詆斥郭侍郎之故智禍水橫流毒燄方熾良可憫歎適檢行篋中攜有此書鈔稿因附刊之以諗晉人

此書大旨約分三節謂中英構兵始由禁煙後來准以洋藥納稅決非中國本意乃因戰事所廹而成但納稅必須加重方可以征爲禁光緒十一年曾侯定稅釐幷征之約實得該會贊助之力此一節也追憶道光年間中國　大皇帝不肯收稅之諭及彼教不應損人利己之旨而尤喜本年議員同志者多幷政府答覆之詞有任聽中國加稅及停止決不起衅之語故亟以

相告此又一節也末言目前英人知鴉片貽毒中國至深如有議禁之舉當不如前梗阻但中國內地亦須禁種罌粟庶幾拔本塞源此又一節也西文與華文語氣絕異譯者最難恰合附識數言揭淸大意凡閱此者當念海外異域之人尙不願中國受此荼毒奈何以中國之人濡首從之沉溺不返耶己亥六月戇叟記

復庵遺集卷十三

無錫 許珏

文二

詒安堂三集序 丁卯

白太傅晚年手定其詩爲諷諭者若干卷閒適者若干卷多寫其本藏之名山以求必傳於後今讀其閒適諸作夷猶淸曠類士之獨樂而無與於世者而諷諭詩則洞悉民隱深達治體於當時利病惟恐言之不詳因嘆古人不爲無益之詞其亟欲行世而傳後者固非徒以文字之工也吾師海上王菽畦先生年甫四十著有詒安堂初二集行世大江南北幾於家有其書珏嘗受而讀之和平坦易不爲憂思愁苦之音竊謂與香山閒適諸作爲近然先生轉漕遼海統旅江右迨讀禮家居壘繯練勇功效皆卓卓可紀則固非獨樂而無與於世者私謂先生之詩必不止於是也丁卯歲

先生自浙東以書來言將裒其近作續刊問世命珏爲之序先生之詩囊者劉鴻甫姚春木朱述之諸君子言之綦詳豈待門下士之揄揚萬一且珏又年少不能詩烏敢序先生詩顧自辛酉訖甲子侍杖履者數年竊見先生性情行事無不合於古人其風流好尚尤與白傅相似而宦迹所歷近在浙中浙中山水秀甲天下又白傅所嘗爲政者也然兵火之後創痍未復湖山樂事今昔異焉先生公餘游覽隨其所見發爲咏歌意昔人諷諭閒適之作必於是乎兼之其亟欲行世而傳後也猶昔人之志也因書以復於先生請附簡末若目爲弁言則何敢

有福讀書堂叢刻四種序

道光庚子海釁初作俶擾三載至壬寅和議成乃罷此爲中國受侮外人之始時湘鄉曾文正公在翰林推究其故嘗作原才其言以風俗之厚薄自乎一二人心之所嚮而竊怪當時在位者自尸

於高明之域不克以己之所嚮轉移習俗而陶鑄一世之人猥曰天下無才又謂有國家者得吾說而存之則將慎擇與共天位之人士大夫得吾說而存之則將惴惴乎謹其心之所嚮恐一不當以壞風俗而賊人才循是爲之數十年之後萬一有收其效者乎方曾公爲是言時海警甫息上下愉嬉衆未覺其言之異也後十餘年粵寇擾亂毒徧天下曾公團練鄉兵以忠義獎帥同志一時胡左江塔羅李楊彭諸君雲集響應同治之初芟夷大難海宇廓清遂成中興之業所謂收效於數十年之後者若符左券豈非君子之言信而有徵者乎自公薨後垂三十年世變風移宇內人才日漸凋落而海外交涉之事紛至沓來當國者恒不免有乏才之嘆庚子之歲　鑾輅西巡余自吳中奔赴　行在辛丑四月上書言事奉　旨來粵時同鄉吳公福茨陳臬是邦與余同任籌餉之事頻相過從一日贈以有福讀書堂叢刻前後編余閱而好之書

凡十六種自省身寡過以迄中和位育之事罔弗具焉因謂君刋此編意在厚風俗而培人才顧全書卷帙浩繁不如就其尤精要者選刻數種可以廣贈僚佐與夫省垣需次之員余來粵九閱月官吏來見不下數百人其中眞知民生國計而自待不薄者殆不多覯憂終窶冀速化者則言不絕於耳也豈必其才智之汚下哉夫亦視在上者一二人心之所嚮默揣熟計而必出於此歟今君以此編示之準的吏之自愛者循是弗失十年之後粵中之治或亦有收其效者乎君曰然會余拜出使義國之　命星馳北上選擇斯編裝印成帙廉訪旣爲跋其緣起而謂余不可無一言余喜廉訪用心之厚追憶曾公前言冀收異時之效且念中國受侮外人實始自粵昔人有言十日十二子相配數窮六十循環之理陂者必平則　國家控御外人俾就範圍回易視聽者亦必自粵始余行矣所望粵中文武大吏及有司百執事皆謹其一心之所嚮

與廉訪協和敷政則安內即以攘外用嶺南為天下倡治平之效
余將拭目俟之

義大利財政彙攷序

財政彙攷一册義大利國掌財政大臣濮鷺理瑕之所述也泰西
各國通例司度支者每預算一年內出入之款除有定額賦外用
不足則詢議院諸員或增商稅或籌國債以濟之必議員允者過
半乃行有餘則量減之以寬民力此通例也禮記冢宰制國用量
入以為出今西國司度支者則量出以為入道雖不同而其制節
謹度之意則無不同光緒二十八年夏四月奉　命出使義國冬
十月抵任駐節義都深維行人之職以詢度諏謀為務若居其國
而不知其政其負斯職也實甚又念今日中國度支告匱司農仰
屋考義國幅員不及中國十分之一而歲入之款較中國多至五
倍因先考求其財政大略會義國戶部送到此册爰屬使館繙譯

翟主事青松隨員許直倅沐鑅同譯按照原意不加改竄以存其真譯既畢覆閱一遍凡字句不順及詞意費解之處間爲刪易一二蓋此係彼國部臣會計財用宣示議院之言未可以中國著書之體例相繩也分章命節則原書無之直倅略爲標題並每章附按語以醒眉目鈔既竣將咨呈外務部爰述其大意如此

義大利關卡稅則序

泰西諸國地狹民稠類以講求商務爲富國之要義大利幅員不及中國十分之一其商務在中國甚稀故華產除絲繭外他物之至義者亦絕尠其徵榷所及大抵歐洲各國之貨爲多次則美利堅阿非利加二洲之產次則亞洲日本暨南洋各島諸物時或至焉其本國所產以絲綢葡萄酒爲大宗所缺乏者棉花煤油咖啡之屬以常理度之則出口之絀必不敵進口之盈及考近年出入貨值每年出口之貨過於進口之貨約有三百四十兆呂耳合中

國庫平銀一萬一千二百萬兩其財政大臣喜商務日有進境嘗舉以宣示於衆中國與東西洋各國通商已久近年每謂商稅日增然每歲出口貨價較進口貨價常短絀至八千萬有奇故通商愈久而商業日衰以十倍之地瀕海瀕江及內地三十餘埠灌輸轉販日夜不息稽其收效視義國懸絕如此此何故歟及此册譯竣反覆觀覽始恍然於中國商業之衰由榷政之不明而於取益防損之道茫乎未有得也中國向來稅則定爲値百抽五近議裁釐加稅槪增爲値百抽十二五不問其物之爲益爲損有礙民生有妨土產一以是爲斷嗚呼何其疏忽不思之甚耶今閱此册第二類第三十種如煙葉煙筋不准進口雪茄煙每基羅徵進口稅三十五呂耳以中國權衡及銀價計之是每雪茄煙一兩須徵銀四錢四五分也（一基羅合二十六兩有奇三十五呂耳合庫平銀十一兩五錢有奇）中國於鴉片煙一項自光緒十一年訂立專條稅釐併徵之後每百斤徵銀無得

過一百十兩核計鴉片煙一兩徵銀不及七分鴉片之爲害非雪茄比而徵稅之數視義國徵雪茄未及十分之二且專條載明此章程照行四年四年以後即可修約議加而至今將二十年無有議及者即此一端而中西權政疏密不同如是其他則又何說此冊應稅之物分十七類凡三百六十八種原書係義文由使署洋員畢梯蒸譯成法文再由法文繙譯翟主事青松口譯隨員陳直牧德粵筆之於書閱三月乃竣冊中前後片段悉照原書其釐定格式編錄成帙若綱在綱有條不紊則陳牧用力尤勤全冊計百數十葉任繕校之事者尚牧希曾與有勞焉繕訖將咨呈外務部因識其大要如此時滬上與各國議商約尚未竣冀可備採擇云

義大利榷煙志畧序

癸卯秋七月義國稅則譯竣咨呈外務部既誌其顛末於簡端竊念自庚子以後吾華財政日絀欲求裕國而不病民之方如仿

義國稅則加徵煙稅或亦補苴罅漏之一策八月具疏以聞 旨
下部議時俄日兵釁將開部中焦勞萬端日不暇給又海程迢隔
迄今復奏之章尚未得讀余嘗詢洋員畢梯蓬義國煙稅如是之
重歲入可得幾何畢云義國煙與鹽二項均由公家販賣專利欲
保護土產令其暢銷不得不重徵外來之貨以沮遏之義國財政
之善在能專煙利不在稅也余聞而韙之因函請義戶部願得辦
理煙鹽章程一觀旋送到巨帙二十餘册皆義國文字余囑洋員
擇要譯成法文踰月得譯稿若干紙復由法文繙譯翟主事靑松
口譯隨員許直倅沐鑠筆之於書又兩月竣事凡國律一卷章程
一卷國律綜其大綱意在使民易曉章程則本國律引伸條分縷
析不厭其詳年來屢有增益其握要處在約束堅明犯者按律施
罰重則治罪無翫法無營私使民恪守而已夫有律而不知守與
無律同西國官民惟能守禁令故事易治今之言西政者動謂西

法寬縱民樂自由觀於是編鈐制周密若此彼持自由之論者亦可廢然返矣原書係煙鹽兩項同一辦法余因所考在煙凡專涉鹽者譯而不錄仍存其條目以便與原册相參校錄既訖名曰義大利榷煙志略即日具牘咨呈外務部冀可採取其法以輔中國財政之不足且補前疏所未及庶加征煙稅之權操之自我而不爲異說所奪云

義大利國債册律章程彙編序

中國自甲午朝鮮之役爲日本所挫事定之後賠兵費銀二萬三千萬兩庚子拳匪之禍東西洋各國聯軍入都事定之後又賠兵費銀四萬五千萬兩由是歲輸外洋本息兩款合計四千數百萬外國以金鎊計數每屆還期西商輒昂鎊價我以銀易金每歲又益增數百萬蓋幾及五千萬矣　國家謹承　列聖謨訓永遠不准加賦雖歲出之數驟增而部臣規畫祇能指撥各省原有之款

移緩就急兼濟官吏中飽之項化私爲公比數年來內而司農外
而疆吏昕夕不遑如是而止耳其有擬仿西法理財如印花稅之
屬　朝廷深念中外風俗不同未可嘗試以病民　明詔諄諄停
緩我　皇太后　皇上盛德休養涵育斯民之心可不謂厚歟珏
維中國數千年來凡與鄰國搆兵之事史册具存兵事既定棄惡
崇好從無賠償兵費之説自道光庚子海上不靖事訖議償此爲
兵費之權輿是則兵費者泰西之戰例則籌兵費者不得不仿泰
西之政治爲之理固顯而易明也泰西各邦無論大小强弱皆有
國債國債之起大半由於戰事法蘭西國債最鉅至三萬一千二
百兆鎊方同治九年普法之戰法人償普兵費五千兆佛郎然不
數年而畢由募集國債之易也中國風氣未開第有償費之事而
無集費之策故近年上下交困司國計者汲汲不可終日珏承
命來駐義國嘗飭館中譯員譯述義大利財政彙考見其中記國

債總數都義銀一萬二千八百五十六兆呂耳歲付息項五百八十七兆五十萬呂耳以全國幅幀廣狹統算不及中國十分之一負債如是疑其財政窘迫必較中國尤甚乃察彼國治理凡所興辦措置裕如且蒸蒸然日有起色始信國債之與外債利害懸殊外債權操諸人朘削劫持勢所不免國債權操諸己裁量裒益情罔不通且辦理皎然不欺則衆皆信購民視國庫與鍵諸篋笥無異故覘國者每謂外債多則弱國債多則强泰西理財家至視各國債票價値之低昂以驗其政治之盛衰此誠中國自古以來載籍所未聞者也簡書之暇詳考義大利國債緣起知有爲相傳舊項於得國時認許者有爲各省府縣興辦要務就地籌借者有爲築造鐵路散發股票者債類不同均由國家承認故統名之曰國債蓋不盡係於戰事也其息有五釐四釐半四釐三釐半不等最少者爲鐵路股分票僅有三釐國債衙門職其要財政部總其成

月有攷歲有稽井然秩然絲毫不紊其辦理樞紐有册律有章程因飭洋員畢梯蓬先就義文譯成法文再由法文繙譯翟主事靑松口譯隨員陳直牧德秀筆述册律三十八條譯甫竣陳牧因黑龍江中俄交涉局電催回華復飭隨員許直倅沐鑅賡續筆述閱五月竣事凡章程三百三十七條余閱之喜其規畫精詳思慮縝密凡防弊之法罔不周備蓋章程所載皆原本律意斟酌而定者也竊維今日欲救中國財政之乏舍是莫由　國家既不忍加賦以病民則民所得自致者祇此急公奉上之誠可以少酬於萬一禮曰民以君爲心君以民爲體又曰未有上好仁而下不好義者也聖哲遺言中外一理若上施而下不報是將謂六經四書之敎澤不及摩西十誡之感人深耶必不然矣是編條敍既繁許倅復括其大要爲署例三十二則列於簡端俾閱者一覽可悉鈔既竣將咨呈外務部並轉咨戶部因揭明譯述之意如此

鐵畫樓詩集序

昔杜陵詠歌推有唐之詩史曲江風雅創嶺表之宗工雖託謳吟實本忠愛況海天持節傳變峒之弓衣絕塞荷戈述天山之臏稿備嘗艱阻彌見性情宜其弁冕羣倫噌吰一世者矣樵野尚書夙負英姿長垂清譽早參府椽旋預軍麾捫蝨神閒聞雞心熱元瑜之掌書記爭詡捷才陶侃之辟幕僚蔚爲時望閻文介丁文誠兩公皆倚重焉由是薦剡屢膺　溫綸疊奉備兵渤海移榷皖江旰衡瞻裘帶之容嘯詠得江山之助溟濛蜃宅盡入奚囊縹渺鳩茲咸歸點筆迨至繡衣奉使紀西歐北墨之謠金佩趨朝皆玉宇瓊樓之句元遺山之感事慷慨可知李贊皇之籌邊輪囷略見蓋公之憂時如醉匡國忘勞悱惻纏緜胥於詩見之矣繼以謗書盈篋

　恩詔曲全口縱鑠金心仍止水風災火難廿作逐臣沙度繩行遠逾瀚海關榆蔆柳歸故里以何期雪窖冰牀夢觚棱而不見比

陸平原之聲譽惜此風徽嘆蘇內翰之生平竟如春夢其後戎氛方熾始憶馬隆寇讐已深還思謝與九原可作遺憾當平巳其詩也跌宕自喜玲瓏其聲絳霞萬重澄波一碧良金美玉均嗣三唐之音素練輕縑閒治兩宋之格久已名高北地挾壯氣於幽并豈徒嚮嗣南園樹詩壇於嶺外哉哲嗣仲宅比部父書能讀先志克承徵及鄙言屬為弁序曩者追陪異域謦欬親聆今茲棖觸遺文風流頓盡此卷長留天地他年定泣鬼神賤報秣陵筆漸元晏滄江歲晚愴懷三絕之篇記室文傳附名一品之集

居安思危錄序

自同治甲子大軍克復江甯東南以次勘定迄今四十餘年井里晏然民間不復知有兵革之事雖大亂之後元氣未復不獲再覩乾嘉以還重熙累洽之盛而休養生息倏將四紀人情嬉愉物力侈靡加以西俗東漸禮防日壞邪說蜂起識者隱憂讀吾友單君

蓉坡居安思危錄一書嘆其用心之勤爲能慮患於幾先弭亂於
未萌也始君爲此錄時距粵匪之平未久見聞所及隨手掇敘積
十餘年乃成此編君自少時即去儒學賈文事非其所長初無著
書冀垂名於後之意嘗語余吾儕身經喪亂復覩承平痛定思痛
往事如昨後之人未經憂患狃於目前世運盛衰迭相起伏吾之
爲此將以詔我子孫俾其觸目知儆庶幾宅心行事反己自修彰
往察來全身遠害云爾奚敢梓以問世貽笑通人哉乞爲我弁言
數行以明斯書微指在此余諾之顧頻年鞅掌於外君書雖成不
獲卒讀未幾君歸道山令子紹聞安吉昆仲遵述先志繕寫此編
攜以示余余披閱一過回思五十年前移家避兵情事歷歷在目
因念世變日殷士大夫方舍本逐末務爲領異標新之學未來之
患不可預知君此書不宜藏之於家獨以示子孫宜公之於世藉
爲龜鑑此則慮患幾先弭亂未萌之大者詩云迨天之未陰雨徹

彼桑土綢繆牖戶易曰其亡其亡繫於苞桑自昔聖賢莫不用此爲兢兢充君居安思危之心雖謂此編與經籍相表裏可也若其文之不盡雅馴記載條例間有不合義法則君固未嘗以文人自命不得用此爲病遂書以爲之序云

送侯雪農游學日本序 戊申

侯生雪農將爲扶桑之游乞余一言以爲贈自光緒辛丑大臣條奏救時之策以多派游學生爲言迄今六七年間吾華儒生舍章句而事游歷以日本地最近又同文至者益多數且逾萬　朝廷方以勸學鼓勵天下其卒業歸者往往得美仕一時靡然從風然吾見其爲人大率黨援倚附者多守道不阿者鮮雪農此行其將窺時俯仰以求速化之術乎抑尙有不屑於是者在也今夫圓顱方趾明動晦休者胥天下一也而人品之不齊乃至等級相去不可計數則方寸之善不善爲之也孟子有言一國之善士斯友一

國之善士天下之善士斯友天下之善士雪巖年雖少其在中土親師取友孜孜如恐不及所至必交其聞人今就學日本吾知日本賢士大夫必樂與之游異時學成而歸必有異於吾嚮所見者因得展其底縕以尊主庇民則洵乎游學爲救時之策曩日大臣條奏之言爲不誣矣遂書以贈其行

秦笠亭先生八十壽序 壬辰

光緒十有八年歲在壬辰六月八日世丈笠亭先生八十壽辰先期哲嗣來卿貽書屬玨以一言侑觴且曰今吾邑後輩中知先生之深者莫如玨雖在瀛海之外不可無詞竊維先生少而劬學至老不衰出則庠序式其化居則鄉閭欽其德高風懿行衆無間言是皆無待玨之敷陳無已請徵先生所以延齡之法且卜將來無量之祜爲來卿昆季告焉蓋人稟五行之秀以生剛柔之性根於二氣不可以或毗自世教漸衰士大夫務爲模稜兩可仕則容悅

處則鄉愿於是大賢以降其持論莫不伸剛以抑柔進陽而退陰孟子言浩然之氣至大至剛直養無害是也先生自幼風采嚴毅出言不苟意所不可雖違衆而不屑中年客授大梁司訓句容晚而退老於家始終一致不以世俗毀譽入其心鄉人士莫不嚴憚而先生卒亦與物無忤肅然若秋煦然若春皐謨九德曰直而溫曰剛而塞先生有焉夫剛直者天地之正氣正氣盛則陰陽寒暑沴厲所不能侵此其延齡之一端也易象傳曰天行健君子以自强不息繫辭傳曰夫乾其靜也專其動也直是以大生焉蓋秉德之直未有不本於心志之專一者世之學者始焉疲精於場屋之利鈍繼焉饕心於祿仕之得失營營擾擾其志既紛其神不凝先生於時俗聲利淡焉無嗜所篤嗜者諸經義疏及宋五子之書其於經也不爲章句訓詁之學務沈潛熟復涵泳理義以治心爲本來卿言先生自中歲迄今每至晡時默然靜坐暗誦六經之文輒

書數卷謂一日間人事紛擾藉此片刻收歛則凡情自退正氣自凝積數十年無間其優游潤澤於詩書道義之味如此此非所謂自強不息者歟記曰不息則久久則徵徵則悠遠此又延齡之一端也濂溪周子有言師道立則善人多今天下府州縣莫不有學學莫不有師究其所以爲師者名焉巳耳甚或貪戀一官龍鍾衰病八九十而不去大吏謂此文學掾其壯老不足深問爲弟子者獨心輕侮之後先仿效相習成風先生之官句容其所以教士一如其居家之課徒者必以通經砥行爲先既教有成矣年未七十即援古人引年致仕之義具狀乞退歸休於家春秋暇日猶能徒步行十數里以探山水之勝精神矍鑠不啻五六十歲人此豈與世俗繫情一官者所可同日語哉夫淡泊所以明志志定則仕止久速若浮雲之過太虛於心之本體無與焉心不動則神自全神全則形亦全此又延之齡一端也夫剛直以帥其氣靜專以理其

心淡定以娛其神三者有其一皆足以長年益壽先生之宜其膺受多福躋大耋而神明不衰也昔衛武公年九十作抑戒就於威儀言語之間榮啟期年九十鹿裘帶索援琴而歌自明其樂先生耄不忘學既深合武公之旨而子孫趾美纘紹觀榮氏所樂固遜之由此以往彌性沆福益未有艾十年之後玨必將躋堂稱觥拜手而上臺萊之頌今日之言如持左券以相合也來卿昆季經術修明行誼純固一稟義方之教收卿登賢書十餘年仍授徒里中不藉口祿養遂遊疏曠定省深符古人愛日之義玨亦上有老親而簡書行役七年之中兩來海外誦小雅不遑將母之詩未嘗一日不興歸思以覲來卿昆季捧觴潔膳濟濟一堂是允抽毫伸紙之時所企慕於無已者也

孫仰泉先生八十壽序

幼時讀史至隱逸傳如嚴子陵梁伯鸞之屬私謂人生斯世當經

緯天地澤被億兆庶滿參贊化育之量而獨俯仰一室蕭然物外宜若無所取焉顧箕山潁水亦與禹皐稷契並稱此何義耶迨年長漸閱世變性剛才拙意每有所不樂偶諷考槃十畝之閒等詩輒心焉好之則謂人之窮達顯晦都無足計惟適吾性所安可耳中年以後足跡歷十餘行省又三度隨槎海外周游數萬里慨然太息中國之乏才居高位者大抵以不學之身用患得患失之心備員充數猝有變故禍貽君父而已則持祿保位偷一日之安若是者比比也亦由瓌意奇行之士抱道自重遯世無悶以有用之才不獲見用於世使庸庸者膺艱鉅之任仕與隱交易其位而世變卒不可問然後歎如嚴子陵梁伯鸞者不謂之鳳凰翔於千仞不可得也婣丈孫仰泉先生少而湛思好學從其族父仰晦先生游讀宋五子書篤嗜之躬行實踐一以宋儒爲依歸孫氏邑之大族萃而居者數百家代不乏高科名宦仰晦先生以孝行爲合族

所欽道光咸豐年間既旌於　朝自仰晦先生歿後凡言孫氏之內行純備操履貞白者則又交推先生邑中承學之彥無論識與不識道及先生輒歛衽推服衆口如一無退而議其後者嘗怪世俗言門閥者動以高科名宦爲賢而吾鄉人之取舍乃不於彼而於此然後知山川淸淑之氣所積者醇東林顧高諸君子之流澤長也　國家設孝廉方正一科以求篤行之士蓋二百年於兹矣顧其科必　天子嗣位之年始一舉行蓋甚重其選也吾邑二百年來未有應是科者　今上初元邑中諸君子謂無其人而冒之濫也有其人而弗克舉亦邑士大夫之過也於是無錫議舉先生金匱議舉龔先生叔度一時輿論翕服顧兩先生皆歛然若慮遜辭堅謝弗應並戒子弟勿鈔事實與人其後龔先生事實由其戚周質駕廣文約略平昔所默誌者錄以付同人而先生事實卒不可得於是金邑以龔先生名上而錫邑則從闕焉嗟乎世俗鶩榮

利久矣上以實求下以屈應余行海內見各省人士應是科者以爲特入仕之一途耳而吾邑獨愼重如此先生之制行卓絕不肯苟同又如此此豈晚近所易覯哉抑余有感焉方三十年前吾邑績學之士大抵以勵名節敦行誼相期勉暇則怡情文字以尙友古人一時至好中如李豫巖秦姚臣范孟和秦來卿諸人間數日輒過從或置酒談藝流連山水之間先生與龔先生年齒較長遇在坐則衆人神志肅然迄今思之猶昨日事也而龔先生姚臣孟和來卿先後物化近年邑中人士侈言新學風氣亦稍殊焉今年五月來卿之弟牧卿與余邀豫巖爲水居之游而先生自鄉居翩然適至是日爲豫巖六十生辰先生聞之則益喜以爲不偶輕舠中流容與自得既至水居肅瞻高子遺像登可樓遐眺九峯五湖之勝暢游竟日意亦謂此後家居歲月正長良朋樂事當賡續未已不謂世變方亟敵釁遽開曾未兩月都城不守　鑾輅西巡余

以無官守言責之身宜若可以伏處牖下苟全性命顧念吾儕朋輩相處偶聞其家有急難失意之事亦必親往存問始釋於懷矧

天子蒙塵凡嘗受一命之榮宜亦有不安於中者又烏可淡漠相忘援孟子鄉鄰有鬭之義以自解耶先生所處與嚴子陵梁伯鸞相似而余非其倫因是益服先生遯世無悶之懷見幾至豫不可企及明年先生年八十矣吾邑夙俗凡享高壽者其家例於歲首受賀今余風雪逆旅不克躋堂晉祝敬舉一觥又念值此時局以先生之情性度必辭不受賀將俟 翠華旋蹕海內昇平然後附巷祝衢謳之義爲邑里歡余與先生交好逾三十年長男同范之婦又先生女孫知先生者莫若余故不爲泛常祝嘏之詞而特揭先生平昔自處之高與吾邑嚮時風俗之美幷闡明先生今日不受賀之意俾海內耆年之士知所矜式云

單蓉坡七十壽序

昔孔子歎善人不得見而曰得見有恒斯可復致慨於有恒之難珏少時讀論語私謂孔子轍環天下所晉接者如鄭僑遽瑗吳札之儔皆當世賢俊而及門之士身通六藝者至七十二人豈皆不足語於有恒者此言也殆有爲而言之也及閱世數十年馳驅十餘行省又數爲海外之游然後知孔子此言蓋歎政教既衰風俗日敝黃農虞夏之既沒雖三代直道之民浸淫陷溺而莫能自拔故思聖人不得見而願見君子此就當日政教言之爲在上位者發也思善人不得見而願見有恒此就當日風俗言之爲在下位者發也易恒彖傳曰天地之道恒久而不已又曰四時變化而能久成象傳曰君子以立不易方然則察時會之變而一以不易者主之斯則恒之道矣吾邑自泰伯端委而治肇啟文明其後代有聞人迄於明季顧高諸君子講道東林扶敝起衰海內嚮應學問氣節蔚爲風俗迄今垂三百年遺澤在人久而未泯故雖山林市

廛之間常不乏隱君子者託迹其間若吾友蓉坡單君庶幾孔子所謂有恒而進於善人者歟始余與君相識在同治初年時粵寇甫平余歸應試友人范孟和爲余道君之賢出君所記寇亂時耳目聞見桑梓各事意在表微闡幽彰善癉惡余閱而韙之自後時時過從察君言行表裏如一心益重之君少讀書頴悟稍長去而學賈既不得從事詩書之途則悉智力研究貨殖之術酌盈劑虛與時消息而一以誠慤爲本邑富人權子母者咸倚託焉既而名譽日起郡縣有司知君出入不苟凡事涉財政者胥欲委重於君蓋忠信之見孚於人者如此君先世自宜興遷錫宗譜久佚兵燹後族益分散君承先人遺命周諮博訪或徒步四出蒐求稽翁諏嫗審詢詳確手自釐定閱十餘年而譜始成族有貞義單姬祠建於明嘉靖間經寇亂殘毀出貲葺祠如舊君非饒於財大率節縮衣食銖積寸累爲之其他睦姻任卹之舉見義勇爲皆此類也吾

邑士大夫之賢者如施叔愚廣文秦姚臣范孟和兩明經尤與君
相愛重巴江廖侯養泉太湖王公少谷先後來宰吾邑稔君賢皆
折節與交語曰桃李不言下自成蹊君雖日處闤闠而諸公視之
以爲賢於垂紳委佩之儔豈無故歟余性迂疏不諳生計頻年出
游芻秣之費所耗不貲君時其有無數年之間累千餘金及辛丑
秋余奉　命赴粵君臨別語余仕途變幻勿以逋負縈心有所遷
就致違素志其陳義甚高出於常人期望之外此尤難也自丙申
丁酉以來士人趨時尚談新學議論哤雜雖以吾邑嚮時風俗之
美至是亦稍稍漸染君嘗惕然憂之謂昔之違背禮教傷敗彝倫
第草野不學之人所爲今乃出於膠庠儒生搢紳子弟之口此其
患不在小嘗舉以告余弟晴川弟轉述於余嗟乎君言及此其識
豈不高出於今世之峨冠博帶者哉余曩時信君表裏如一今益
服君始終如一豈非所謂察時會之變而一以不易者主之深有

合於恒之道歟今歲某月爲君七十懸弧之辰令子紹聞昆仲將
爲君稱觴余弟郵書來海外屬余一言以爲壽余與君交契四十
年稔知君立心制事本末而又感俗尙之變遷深維孔子願見有
恒之語私幸吾猶及見君益信吾鄉舊時風俗積累之厚今　朝
廷亦頗患新學流弊亟亟以經正民興爲言是政教之源未嘗不
清風行草偃其效必捷計君八十稱觴時予亦將息轍里門斯時
抵掌追話今日庶幾康衢擊壤同慶昇平之象也夫

鹿太宰七十壽序

光緒三十有一年秋七月太宰定興鹿公七十覽揆之辰時珏方
泛槎西海未獲躋堂叩祝謹郵獻一言以侑觴嘗攷詩書所載國
家運値昌明必有耆艾碩學之臣以左右天子綏靖萬邦昔周盛
時如召公畢公皆歷事文武成康之朝年踰百歲而召公至康王
時位冢宰猶以張皇六師之言啟沃上心亦足見其神明不衰年

彌高德彌劭也公之所學於書陳節性敬德用祈天永命於詩思
馮翼孝德求吉人吉士綱紀四方孔子曰仁者壽太史公敍燕世
家曰召公可謂仁矣今觀詩書載公告君之言益信後世大臣事
君其存心有同符於公者則享遐齡膺繁祉如公無疑也我太宰
鹿公早歲起家翰苑改官粵西歷任繁劇洊擢監司所至惠愛民
懷其仁殆有召公甘棠之遺焉既而開府豫秦總制川蜀鸞翮暫
息　鳳綸再申蒞粵移吳人仰福星同歌來暮庚子之夏畿輔有
潢池之警事涉鄰交東南大吏咸以保疆爲重未遑他顧公獨簡
帥勁旅星馳入衞會　鑾輅西巡迎覲中道　兩宮深鑒忠赤命
贊樞要扈從入秦倉猝受任竭誠經畫時外侮既深要索踰分公
秉經達權神定不懾力持大體危然後安　皇輿返蹕海宇大驩
食桑之鴞咸懷好音顧以撫卹用繁司農告匱談理財者或謂取
法泰西爲當務之急公念民力已殫不欲鑿空以傷元氣一切奏

羆貔所持間與時不合而　朝廷灼見恤民正以為國倚畀愈隆
今歲四月公晉位冢宰董正百官夫多事之秋用人視理財尤亟
今中外咸以乏才為慮不知激揚陶冶轉移之機捷於桴鼓公既
以書之顧畏民嵒者卻聚斂之謀豈不能以詩之樂育賢才者致
彙征之盛乎鳳鳴高岡桐生朝陽卷阿之詩方將繼召公而作也
珏昔戊戌之冬蒙　恩召見始識公於西苑洎公入衞相從北上
侍誨言者三旬維時盛暑雨後積潦縱橫川涂莫辨車行淖中疲
羸顛蹶或陷深澤古滅頂屢矣丙夜抵旅舍過公見方治軍書手
不停筆略無倦容語珏北來消息殊惡感憤咤歎憂形於色夜漏
未央促駕復行迄今思之歷歷在目夫平陂往復氣運之常邇者
萑蒲已清鏑簴如故然聖有謨訓安不忘危矧東隣之交鬩未闌
西陲之伺釁已伏敵國外患正　聖主賢臣交儆之時昔人所謂
張皇六師者於是乎在而公適位冢宰當召公之任訏謨辰告決

幾　廟堂之上孟氏有言國君好仁天下無敵曠觀今日環瀛各
邦於善陣善戰不乏其人明此義者蓋鮮夫天心至仁爲國者能
以大造之心爲心躋一世於仁壽之域則祈天永命之要道卽寓
張皇六師之中從此寰海鏡淸方隅砥平公光輔　聖朝之事業
既不亞於召公則其膺受多福由是而至期頤之歲亦必符於召
公可信也或曰召公封燕公世爲燕人山川靈淑之氣積數千年
而一發故其先後同揆若此因拜手綴詞鄭告於公蓋非獨致臺
萊之頌亦幷以紀明良之盛云

王蘁臣六十壽序丙午

易恒象傳曰天地之道恒久而不已又曰四時變化而能久成其
象傳曰君子以立不易方夫變化者時也而君子之因時適變者
乃獨著不易之象何哉蓋見其大則心泰非一時外物震動所能
眩亂書曰納于大麓烈風雷雨弗迷胥是道也近年外患日亟

朝廷厲精圖治思欲一新庶政而有司奉行不善或因以病民士之稍稍涉歷東西國文者達官之自號開通者侈然爲詖淫邪遁之詞以生心害政斯亦時變之適然於此而求立不易方之君子宜何從焉吾友王君藎臣殆有得於恒之時義者歟始余識君時君年甫舞勺余亦未及冠也光緒初元君服官秋曹明年丙子余亦應京兆試入都此爲兩人京邸相聚之始既而君改外任攝赤緊縣篆者二十餘年余奔走南北泛槎海外間數載輒來京來則寄居邑館時久暫無定顧與君每見則情益親余疏於治生意有所觸輒千里命駕芻秣之供或至不繼君時其匱乏解推如恐不及誼若弟昆余性剛才拙君偶有規誨言人所不能言今夏六月令子受虛昆仲書來將於是月二十三日爲君舉六秩之觴君以需次閒居不欲效世俗濫費作爲無益而思得余一言以紀日月邁征之感余回憶見君於舞勺之年曾幾何時而人事推遷世運

治忽循環倚伏迭爲消長者此數十年中何可勝道丙子之歲同應京兆試者三十三人今屈指數之我兩人外存者不逮什一而自丙子以來吾鄉士大夫之榮悴升沉皆如浮雲飄風渺不可追然則人之所爲恒久而足自存者果何在歟猶憶己亥冬月與君京邸圍爐夜話君談次頗及身世之感余因謂君我兩人者齒相若境遇亦相若自今而後時局未可逆料余有拙法可以全身可以淑世君矍然請問余曰吉人爲善君子固窮守此二語足矣君大稱善明年拳匪禍作都城震驚君方令寶坻力措危局爲民捍患備歷險阨遺黎以安吉人之善有明驗矣君雖落拓一官然天懷淡定不汲汲以求知今距懸車之歲且十稔誠念念爲國事事爲民循績益彰　帝心簡在膺鉅任享遐齡安知不襲黃婉美而喬佺並壽也哉故曰見其大則心泰又何詖淫邪遁之詞足以變易吾守耶余游歐美二洲前後凡十有三年比歲駐節羅馬羅馬

古大秦國證以范氏後漢書所載今其遺風存者尚什二三蓋二千年來雖迭經變更其賢人君子猶知綱羅舊聞唯恐失墜而東方之國或乃改朔易服弁髮先制爲彼族所譏議是則立不易方之道觀於外人而益信余既覩時政之日新而竊喜君之制行有恒不隨俗委蛇也遂書此以爲君壽並告受盧昆仲俾世濟其美云

許師母吳夫人六十壽序

光緒八年歲在壬午吾師仁和許恭慎公以少宗伯典試江南得士一百四十六人十數年來相繼登進士科者四十餘人其不歷甲科服官中外者亦三十餘人公前後四典秋試是科得士獨盛嘗舉以語及門諸子己亥春正月師母吳夫人六十初度門生之官京朝者謀所以侑觴時珏自晉陽奉　召入對留居京邸同人相屬撰詞以獻珏在及門中受知最深不敢以不文辭謹案易有

四德肇元訖貞而貞之下則又起元循環終始相爲不窮不獨一國之運然也即一人之身一家之事感應倚伏罔不由此文言曰貞者事之幹也又曰貞固足以幹事貞之爲義大矣方咸豐季年海內多故　鑾輅北巡吾師以中書舍人贊筆樞府扈從木蘭維時左右臣僚在具瞻之位者或顧望徘徊相與引退公以書生夙夜在公軍報旁午承　詔指授方略往往達旦不寐既而　景運中興　皇路清夷公於樞府之暇復以文書侍從數歷中外甲申之春越南事亟瀕海萬里爲之震動　朝廷念曉暢軍謀能斷大事者莫如吾師迺　命爲軍機大臣公旣受　詔視事規畫機宜洞中窾會未及期月敵人就款海宇以齊公欿然若慮不自矜伐自是天下獲享承平之福者復十年公尋進位大司馬　賞太子少保銜甲午倭衅始作公已不及見時相距纔數月耳閫帥顛蹶樞臣張皇忽戰忽和中外悼歎凡平日與公有雅故者咸羨公爲

全福而不知數十年中公之襄贊　廟謨造福無形弭禍幾先者
固已多也使吾師而在時事豈若是孔棘哉然公歷事　三朝所
以砥臣節而鞏國基者實自咸豐季年始蓋得公貞固之義久矣
師母吳夫人仍世清芬嬿婉毓德來嬪之日値公中年已捷高科
膺顯秩夫人黽免同心履蹈儒素益儉以勤公縈仕垂四十年直
樞廷者幾三十年室無媵侍夫人雞鳴而起三商而息恪恭將事
終身弗懈撫前室子女寬嚴中禮愛而有威戚黨交欽視爲儀法
惟夫人一意以閑其家故公得畢志以靖於位遭際昇平我黻子
佩猗歟盛哉回憶己丑之歲師母夫人五十稱觴時則寰宇雍熙
門第煊赫夫人雖儉約自持而姻婭周旋賓僚翕集俊髦之士抽
秘騁妍爲文以獻者著作如林卷軸具在今則時移事易獨門下
士惓念師恩追維知遇之感殆所謂文不足而情有餘者耶然珏
聞師母夫人之治其家者敦厚謙儉不異昔時視境之豐嗇不以

毫末攖其心嚴課諸子勗以承先志而繼家聲旰夕毋怠不又合於貞固之義歟吾師清操絕俗然約以持己厚以及物爲侍郎時嘗積廉俸所入購田千畝置義莊以敬宗收族　璽書褒美今世兄春卿部郎養痾里門日以睦婣任卹爲事兢兢於先人之意惟恐失墜世兄南仲副郎年甫弱冠供職農曹刻苦好學閉戶不交一客晨昏侍養以效萊綵之歡吾聞世臣之家其氣運基緒往往與國相感通方今九重乾惕於上百族感孚於下寰海鏡淸方隅砥平跂足可待春卿南仲昆季必能紹繼前烈以慰吾師未竟之志方叔召虎之功業於是乎在師母夫人康強逢吉愛日正長珏等方將拜手賡續而上期頤之頌也則所謂貞下起元者又豈獨一家之休美也歟

旌表節孝歸樂安仲姊八十壽序

嘗讀史至魏晉之際其時王綱解紐政教陵夷士大夫委蛇世變

求其扶危定傾砥礪名節能使頑廉懦立者頗鮮其人然當時縉紳之家不乏孝友端謹循循禮法閨門之內敦厚雍睦以綿世澤而召天和如太原王氏祥覽兄弟以孝悌昌大其宗而婦女之賢哲者若陶侃母湛氏安貧勵操虞潭母孫氏守節撫孤咸能教子忠孝成名當世而虞母壽逾九十詔拜武昌侯太夫人璽書褒美史册榮之蓋雖世運衰頹而一家之盛和氣致祥有足稱者事固未可一概論也歲在丙辰我仲姊壽登八十甥廷贊廷相將以正月爲其母稱觴姊以時方多難宜戒妄費并勿殘生命止之廷贊兄弟以問余并乞一言余謂世變滄桑姊向者曾膺　恩綸旌表感時撫事勿觴固宜而回念五十年來姊之集蓼茹苦以有今日爲子者假萊綵之歡上麥邱之頌亦分所應然方竹坪姊丈捐館時遺孤四人大者未十齡小者甫數月室如懸磬變鬻衣飾不足三百緡孫氏雖邑之望族至姊丈以再世丁單無期功强近之親

門祚衰薄顧影淒然先妣詹太夫人憐之命姊同居以免外侮時
余方貧硯田以爲養一勺之泉遑言河潤時其匱乏量竭綿薄不
二十年廷贇廷相皆克自樹立以有室家廷贇弱冠補博士弟子
員授徒里中卽翕然爲時所稱及幕游南北事賢友仁聲譽日起
既而隨使節東瀛槃敦之暇讀律數十萬言將以致用會辛亥之
變亟歸定省近方以其所學附於抱關擊柝之義廷相自幼習賈
頃年用白圭之術人棄我取所業日豐念母年高特營新居以娛
之卒其婦以孝養此二十年來孫曾日繁姊方含飴抱弄以爲娛
樂然一念曩所處境不啻涉深淵履薄冰蓋今日痛定思痛而知
姊之膺多福享大年非倖致也始先太夫人之誡姊也曰人處貧
非難能忘貧爲難汝欲諸孤有成當自口不言貧始里諺云三年
不飯凸肚過橋此言雖小可以喻大姊謹奉教是故紡績鍼黹之
事未嘗一日去手宵燈縫紉往往中夜不寐歲時魚菽之祭戚黨

簞笥之餽雖貧不廢顧皆節衣嗇食黽勉爲之自余兄弟外從未貸人一絲一粟故處困久而無債累其勤與儉若此姊幼讀書解文義諸孤既就塾晚歸必篝燈自課句讀音聲偶有謬誤必檢書以正之或就所誦習命之解說不當則反覆詳晰以詔之諸孤稍長則時告以先世苦節及前母遭亂殉難等事廷贊兄弟由此益自感奮其教子之意頗主於嚴及爲諸子娶婦則又待之甚寬曰來作貧家婦不忍苛求也姊早歲事姑孝謹顧爲時未久無所表見自壬申後復依先太夫人居迄壬辰凡二十載左右侍養與未嫁同先太夫人偶有恙則湯藥按摩應手立愈先太夫人全歸之歲姊年已五十六矣孺慕如幼時其慈與孝又若此自諸子授室即不問家務六十歲後長齋茹素研求明心見性之旨故能精神不衰容采如昔生平拙訥寡言不喜臧否人物余家幼輩謂數十年來未見姊背後議人短長蓋其宅心寬厚持己慎密殆出於天

性之自然凡此皆致壽之由也竹坪姊丈事親孝與人忠溫恭謹厚與姊伉儷十年如賓如友未嘗有一言之忤中道先逝遺姊以承先啟後至艱至大之任今幸諸子成立孫曾蕃衍家庭氣象方興未艾庶幾不負付託可告無憾於姊丈矣廷贊廷相其以吾言侑一觴乎抑余所欲言者猶不止此夫陶母之安貧勵操虞母之守節撫孤其所處境與姊何異而二母賢名至今磊磊若懸日星而垂天壤則以侃與潭爲之子也成隗有言彼丈夫也我丈夫也今世變已亟否泰循環天道之常廷贊兄弟果能即侃與潭之立心行事而深思之雖所處不同而九仞之山基於一蕢或者姊九十稱慶時亦能彷彿潭母之萬一則尤余所企祝於無窮者也

復庵遺集卷十五　　　　　　無錫　許　玨

文三

題王藎承柳陰課子圖

咸豐己未歲玨始識藎承時君甫成童玨亦未冠也歲月迢遞世事變遷倏忽已四十年光緒己亥自太原入都與藎承同寓邑館出圖屬題則諸郎三人已授室其季亦成童矣回憶吾兩人少時情景彷彿目前挑鐙話舊不知其年之遲暮也抑余有感焉今世之所謂課子者不過冀其讀書應舉科名仕宦以是爲無忝所生而立身行己大節或轉略焉流俗相沿往往名父之後未必有賢子孫即宦成亦爲鄉里所譏薄近年所見如此者蓋比比也藎承爲武愍公季子能讀父書自秋曹改官畿輔歷任繁劇十有七年而宦橐蕭然其立身行己蓋可知矣玨三度乘楳頻歲入都匏落

無成而藎承交卸房山篆後亦閒居歲餘冬夜風雪恆就余談時
海疆多故慨念身世思所以濟時艱而綿先澤者余謂舍固窮二
字外別無長策君此日樹立能不負武愍公他時諸郎欲其不負
君道不外此是則課子之要義也既以告君并爲詩二章以貽之

題陳毅甫先生遺像卷

天地之所以不敝日月之所以常昭江河山嶽之所以常流峙者
無他一恒久不息之誠而已人秉陰陽五行之秀遞世賡續父子
之道立焉有父子然後有君臣民胞物與胥由是推故曰求忠臣
於孝子之門其所以相維相繫者非外物之所能緣飾也誠也光
緒癸巳歲余從鐵嶺楊公使美國駐華盛頓而伯材駐紐約相距
數百里雖共事而不獲常見書翰往還知爲篤行君子其先世懿
德則未稔也丙午之夏余自義大利差旋入都伯材適謁選京師
相遇歡然時諸大臣以考察歐美政治歸方議一新耳目而伯材

就余談則猶守其平昔所自得者不從衆好以急衒售余益心重之一日出贈公毅甫先生遺像囑題因得讀曲園俞先生所譔傳然後知伯材所以能挺立不阿卓然自信者皆得之贈公義方之教非偶然也贈公以醫活人而不受謝爲人主會計而不敢自暇逸雖閭里瑣細事然積久不懈出於至誠夫推其不自暇逸之心即人臣鞠躬盡瘁之思也推其不受謝之心即人臣不以寵利居成功之志也贈公雖不仕吾願伯材本先人此心以宏他日遠謨庶民胞物與之懷隨遇可以自盡方今言政治者專務求新世運之平陂因革吾不得而知而諦觀天地日月江河山嶽終古不變則今日諸人之紛擾亦猶浮雲之過太虛人第問心求可以對於君父足矣必附會風氣以邀一日之榮舍其舊而新是謀非忠臣孝子之所急也伯材每出游必奉是圖偕行殆孺慕之誠有不能須臾忘者余既展斯圖而有感遂書以復伯材並質當世知言之

君子云

題高忠憲公圖像

此圖不載年月以張氏補景意測之並攷公年譜疑在天啟癸亥之歲按譜辛酉三月詔起公光祿寺丞九月啓行十一月至京明年正月升本寺少卿五月轉太常寺九月轉大理寺十一月晉太僕寺卿癸亥二月乞差歸四月抵家復尋東林之社初公別東林諸友北上時以會講事屬葉園適吳覲華謂此事爲吾輩究竟可歸即歸不使東林草深也在京時與覲華書云弟衙門有人可脫身念中事亦次第了之可浩然歸矣一登依庸便是弟十洲三島也公所寤寐不忘在此自辛酉季秋至癸亥初夏凡去鄉里一十九月殆即所謂三徑就荒時乎張君既繪是圖題曰補淵明先生所居意其相契於不言之表者微矣方是時公已有終焉之志觀集中與湯闇生書云弟衰病以一歸爲快抵家至湖上湖干魚鳥

如故知相逢不忍復作別也顧公雖歸朝中諸賢未能一日忘公
是冬卽家起爲刑部右侍郎公疏辭不允甲子六月至京時則朝
局全非八月升都察院左都御史十月自請罷斥奉旨回籍十一
月抵家從此閉關永居不見一客其示子書以屈子江潭袁生土
室自况蓋非陶公松菊猶存之境可比矣故知此圖之作必在癸
亥無疑也是年公已六十二歲或謂圖像類四五十歲人以公學
養沖粹神志不衰表裏瑩澈丰采固宜若此獨念公壬戌在京已
知時事不可爲三疏引疾乞休使歸里後力謝秋官之召養痾不
出翛然物外無後日鋤奸之事亦無沉池之禍而顧計不出此嗚
呼吾以是知公所學之純也人臣之義貴能致身國事方棘君命
旣召誼不俟駕受任之日當官而行激濁揚清爲世道人心計也
崔魏之惡敢於無君若其報復尋仇特蜂蠆之毒耳豈公所屑計
哉公歿於天啟丙寅三月距今二百八十九年展斯圖者不啻親

炙其德輝方將奮然興起有頑廉懦立之思孟子稱伯夷百世之師如公之孤忠遂學臨難不辱其身殆無愧矣公臨終與華吏部書謂心如太虛本無生死何幻質之足戀今者肅瞻遺像亦第公所謂幻質云爾學者當深求公不死之心而神與之會焉庶不負公啟牖後學之意也夫

秦節孝婦周孺人事實册題詞

大雅烝民之詩曰天生烝民有物有則民之秉彝好是懿德孔子謂作詩者知道孟子引之以證性善夫兩儀既分三才斯著以藐焉一身而足與天地並峙於萬古此男女之所賦者同也特男子主外女子主內主外者窮則獨善其身達則兼善天下經文緯武勛施爛焉史册所傳磊磊軒天地者男子居什之九主內者言不出於梱外職不越乎中饋善事父母舅姑相夫教子大抵皆家庭庸行即居華膴膺繁祉亦祇爲宗族戚黨稱法傳於史册者鮮焉

獨至身世不幸早失所天松柏之操冰霜斯見而又含辛茹苦歷久不渝此與士大夫以身許國蒙難艱貞者何異故史書傳列女於節烈爲獨詳蓋作史者之心猶烝民詩人之心也吾邑秦節孝婦周孺人年二十適秦二十二而寡其夫兆甡又以游學在汴病歸歿於途次計其爲伉儷之日曾無幾時而一與之齊終身不改歷三十餘年如一日詩曰之死矢靡他易曰安節亨孺人有焉宣統元年邑有司以聞於大吏彙案請旌奉　旨建坊越三年坊成秦氏族人以其事實册徵文於余秦於吾邑爲望族自歐風東漸世以西俗爲文明婚姻之間弁髦禮法雖世祿之家往往不免節孝獨於此時拜　恩綸爲秦氏光吾以是歎詩禮之家流澤長也自辛亥之秋潢池告警當軸措置不善遽易滄桑海內賢士大夫莫能挽救其上者相率爲居夷浮海之計下焉者則縈情利祿與世推移昔歐陽公作五代史馮道傳引虢州司戶參軍王凝之妻

李氏斷臂明節之事而嘆士不自愛其身忍恥以偷生者爲有愧今題節孝之册益滋世道之感竊與歐公有同慨云嗚呼此又烝民詩人所不及料者矣

禁煙　諭摺輯錄書後

光緒己亥秋吾邑同志諸君以鴉片煙爲害日深擬仿宋時藍田呂氏鄉約先從吾邑倡禁爲他日推行各省之漸顧以百年積弊欲革之於一旦以九州通病先治之於一隅念非奉有　綸音無以震肅衆志十月入都偕同鄉京官呈請御史臺代奏總憲某公謂此僅一邑之事毋庸上瀆　宸聽咨行本省督撫酌核辦理於時同人咸慮官司奉行憲檄慮應故事未能滌除舊染珏因追記疇昔見聞凡議禁鴉片自同治以來奉　諭旨昭示海內及寄諭各省督撫妥籌辦理者恭錄於首幷錄諸臣原摺凡若干篇編次如右竊維自古有國家者其經世宰物之本不外君子勞心小

人勞力二語蓋上能勞心自朝廷大臣下逮諸司百職皆靖共爾位竭忠盡智則人才盛而國自强下能勞力合農工商賈以至轉移執事之徒皆勤趨所業貨惡其棄於地力惡其不出於身則百產饒而民自富富强之道無待外求自鴉片煙入中國士大夫嗜之則曠其職守而不知勞心小民耽之則棄其生計而不能勞力流毒既久卒成今日貧弱之患往者　宣宗成皇帝憂深思遠爲子孫黎民無窮之計嘗欲力除此害中外大臣未能一心功敗垂成海內惜之然刑法具存人情猶有所憚自津門定約弛禁收稅舊防既潰沈災斯亟洋藥而外土藥尤繁以今日視道光時吾民罹禍之酷何啻什伯然而人無智愚未敢一言及此者誠鑒曩日海疆之已事也珏則以爲天運循環無往不復中國欲圖富强必自禁吸鴉片始善乎郭侍郎之言曰西洋與中國搆衅之源實由鴉片推原禍端創鉅痛深宜如何疾首蹙額相爲戒禁以示勿忘

國恥之義嗟乎使中國士大夫早明此義則臥薪嘗膽安有今日往者不可諫來者猶可追此編輯錄斷自弛禁以後王文勤一疏當中興之初首以吏治人才武備爲言郭侍郎親至泰西見彼族有悔禍之心因思乘機利導至若沈文肅嚴劾屬吏以儆官邪閻文介曾忠襄左文襄禁種毒卉以正民俗皆憂國愛民出於至誠故不避流俗之譏抒忠入告我　穆廟與　今皇帝采納嘉謨如恐弗及則猶　宣廟昔日爲民除害之心也吾邑諸同人公呈雖未獲上塵　乙覽而奉此一編以爲準的又何慮官司奉行之不力哉卷末附錄薛叔耘星使致總署章京書及英國禁煙會譯件則以近年海外情事迥異曩昔冀睹是編者咸思及時振作內無負　朝廷之意外勿爲異域所笑果能上下一心祛此酖毒自今以往君子勞心小人勞力將富强之效旋至立見所以勵天下人心湔雪國恥者於是乎在又豈獨一邑之幸哉

跋林文忠公戒煙斷癮方後

右戒煙斷癮藥方道光戊戌夏間林文忠公官湖廣總督時遵旨復奏嚴禁鴉片章程此方係隨摺進呈　御覽中間所稱懍國法而免刑戮及死於煙死於法等語蓋以其時禁令嚴肅故有此怵心警目之言是冬文忠入覲即　命為欽差大臣赴粵查辦諭旨諄諄期於積習永除根株斷絕迄今讀之猶如見當日　聖主賢臣惓惓為民除害之心也文忠以己亥正月抵粵至三月英商即遵諭將躉船鴉片煙儘數呈繳是當日外人於販賣鴉片一事自知理虧並無抗違中國禁令之意其後因欲停止該國貿易浸成齟齬奸民又從中挑衅然猶遷延歲餘至庚子六月始有浙江定海之警其距遵繳煙之日蓋已久矣兵衅之與禁煙雖曰相因實則兩事後人不察動詆文忠為首發大難而於當年政府娼嫉之私疆吏窳惰之罪轉不加責寬以待小人苛以論君子抑陽

扶陰是非倒置莫此爲甚迨後白門定約竟置鴉片煙於不問尤出洋人意想之外咸豐九年天津議約以洋藥訂入通商稅則燎原之勢從此不可遏抑馴至今日上下交困外侮環生究厥厲階謂非此六十年來英國之處心積慮荼毒我中華以致此哉人必自悔而後人侮之假使當年政府疆吏人人如文忠之用心翊贊

聖君力除煙患何至有今日之貧弱使今日政府疆吏痛懲前失果有一二大臣能如文忠之用心啟沃 宮廷上承 先烈郎可兆後日之富強天運循環無往不復十室之邑必有忠信矧以中國幅幀之大豈無文忠其人應運而興宏濟艱難弭煙患而紓夷禍者乎因刊文忠此方謹跋數言以爲左劵

是方刊於己亥冬庚子四月邑中設戒煙局依方製藥一時戒除斷癮者共一千二百一十四人刊有清册會拳匪煽亂洋軍入都鑾輅西巡珏遂閒關入秦此局亦因經費不繼中輟本年三月自

義大利差旋請假回里始籌經費設局續辦迨八月初三日欽奉

諭旨禁煙限十年之內將洋土藥之害一律革除淨盡煌煌

聖謨薄海蒼黎從此出水火而登袵席矣天運循環於斯益信因

就行篋舊存戒煙局文牘擇要付諸排印以示不忘昔年希望之

意仍錄此方於後冀得普除痼疾幷慰文忠當日未竟之志云光

緒三十二年十二月既望許珏識於都門寓廬

跋銅官感舊圖題詠册

光緒丙子章君价人作銅官感舊圖蓋距曾文正公之沒五年矣

圖成後又五六年李次青方伯始題之既而恪靖侯左公中丞陳

公舠秋王君相繼爲詩文皆文正故人章君所素交也同時薛慰

農黎檀浦卞制軍亦先後題詠凡爲文六篇詩一篇所謂銅官圖

題詠者止於此而已推章君繪圖之意亦以往迹易逝不有所記

聖哲庸愚同歸於盡人第見文正勛名蓋世謂其生平行事百折

不回堅忍卓絕用此戡大功而垂後世不知其始未嘗不挫折且欲一死謝天下初不自知有後來旋乾轉坤之績者夫文正且不自知而謂章君能預知而援之此必非章君意其欲以此自爲功尤非章君之意也而或者不察至以介推例之則失章君作是圖之恉矣君沒後數年令子覲瀛曼仙昆仲服官京外思表章先德時以是圖就當代名流與平昔交游之稔者乞其題詠由是所積詩文多至百餘篇予謂覲瀛曼仙曩日嘗公繪圖之意與今日賢昆仲乞題之心義各有在宜就册中諸作稍區別之且告之曰昔文正在翰林時嘗作原才其言以爲天下之人才風俗潛移於一二人心之所嚮蓋隱然以天民之先覺自期其後景運中興人才蔚起卒如公言今天下時事亟矣上年中外衅起居高位者巧爲趨避置君父之急不問袖手作壁上觀且挾外人以爲重使朝廷法紀有時而窮以視文正當日以在籍之紳赴國家之急一

十

不當而輒欲以身殉者其巧拙爲何如耶夫惟有文正之心斯能成文正之功然則斯圖之作所以揭文正之心昭昭然與日月爭光即百世下猶將聞風思奮也章君一援手功在天下章君繪斯圖功并及於後世世有知道之君子當不河漢予言

跋梁溪文鈔

周佩安先生梁溪文鈔八十卷成於咸豐癸丑之歲先生自序中備述蒐輯是書之勤以卷帙浩繁未及付梓癸丑以後粵匪踞金陵庚申歲吾邑亦陷邑中藏書家既遭兵燹悉付灰燼此書自原稿外幸有副本展轉傳鈔片楮隻字完好無失則不獨文字有靈鬼神呵護抑亦先生畢生心力所萃精光灝氣相與保守於無窮也宣統辛亥邑人高松濤顧季欽侯伯文三君重刊顧響泉先生梁溪詩鈔五十八卷未訖事而遭滄桑之變明年夏余歸自京師時詩鈔之刻已竣伯文擬集貲刊梁溪文鈔以竟佩安先生之志

余亟賀成之甲寅五月始付排印十一月畢工伯文謂余不可無一言以紀余維先生成書迄今已六十年始因粵匪之亂未克梓行今日時局較粵匪時因稍有間然竊名教掃地無餘則覼縷時亂尤過之天運循環無往不復吾邑自泰伯開基代有賢人君子道南一脈至東林顧高二公始大流風徧於海內今當厄運剝極而復貞下起元正人心息邪說於是乎在則是書之成殆其左券也歟

書薛文淸跋諸葛武侯出師表後

武侯身都將相二十餘年而僅僅有桑有田爲子孫衣食之計如此故爲可貴若仕宦未顯歷官不久之人祇有以淸白貽子孫而已讀書者皆默識其淡泊明志之懷切勿死於句下以詞害意也

曉亭顧公傳

公姓顧氏諱鳳似字翔周號曉亭系出陳黃門侍郎希馮公諱野

王後自銅坑再遷至無錫涇里始祖爲明贈侍郎南野公諱學二
世爲萬歷時倡道東林諱憲成謚端文學者稱涇陽先生實公之
八世祖也再傳爲明季孝廉退菴公諱柄明亡後隱居不仕世業
儒有積德祖鍾岐公諱詔　貤贈奉直大夫父晴川公諱振邑庠
生鄉飲大賓　誥贈奉直大夫母侯宜人公少聰穎一目數行性
至孝九歲時有女兄適華氏早夭公號泣戶外不令父母知居恒
冬溫夏凊曲意承歡聞者感慕年將三十始補博士弟子員道光
甲午舉於鄉時贈公年踰七旬公每於子夜起坐噬指血作書於
燈前焚之冀早秋捷以博堂上懽鄉舉後遂致力於宋儒性理之
學心體力行始終勿懈先後罹父母喪哀毀骨立水漿不入口者
三日凡九赴春官咸豐壬子　恩科成進士以主事籤分刑部在
京供職半年假歸適粵匪擾亂下武昌陷金陵江左騷動里中土
匪費繼祖等聚黨數千人晝夜劫掠焚三壩橋趙姓且執其子公

數有德於鄉往諭釋之而焚掠如故公至郡城請兵宮贊趙振祚
與邑宰高公會剿繼祖等聚衆抗拒公帶勇直前衆駭散獲繼祖
等數人置之法事遂定公又於村落焚處別其無辜者給以財是
役也城野鼎沸無公且釀成大禍公一月之中勞苦萬狀鬚髮半
白時賊氛方熾公奉憲札於黃埠墩設盤查局獲其僞地官丞相
以功讓司事奏廷獎其不與人爭功類此咸豐六年江南大旱蝗
公日夜憂勞偕邑中紳士倡捐賑濟設粥廠數十處全活無算大
憲察知錫金辦賑爲蘇省最聞於朝公得加員外郎銜而竟以積
勞得中風疾雖臥病在牀猶手執一編寒暑無間咸豐十年髮匪
至公即不食家人勸之免進饘粥曰生平每以第一流自許今抱
病不能殺賊雖生亦何爲乎竟齎恨而卒公薄嗜欲靜心氣而遇
事勇敢有爲不避嫌怨與人相接平而和雖待童僕無戾容惟訓
子弟以嚴肅間或與人排難饋遺不及門曰非以鳴廉職分當如

是工時藝善書法不爲駢體之文而喜作古文辭稿每散棄不自收拾蓋非其志也嘗慨然慕李鄴侯之爲人曰處世當磊磊落落作眞名士勿效俗儒貪鄙富貴嗚呼其志念深矣惜通籍後即病廢家居不得一展其用與戡亂諸臣並駕齊驅是則可傷也已公生於嘉慶六年辛酉卒於同治元年壬戌春秋六十有二娶施氏繼娶李氏俱封宜人李宜人寡言笑通經史以淑德稱子三長佩蘭候選縣丞次佩蓀候選從九殉髮逆難入祀忠節祠次佩荃廩貢生試用訓導女二長適候選縣丞蔣汝𤅢次適試用縣丞杜學豫孫男八人桐華棣華邑庠生寶珏郡庠生寶璞寶璜寶琛均國子生寶瓚寶璋孫女二人長適庠生過協中次適庠生孫靖圻珏與公之三子春巖廣文爲金石交得悉公行事故采而傳之以質當代立言君子如黃叔度碑信而有徵不作諛辭恐辱公也

顧綸卿傳

同治乙丑之冬應試毗陵始與綸卿相識是年同補博士弟子員時同案中以學業相砥礪者惟秦姚臣范孟和及君數人朝夕過從後二年余娶於華與君爲中表因益稔君內行醇篤時君與余皆授徒里中既而余就館虞山每隔數月輒歸歸則與諸同人爲文酒之會一時觴詠之樂迄今思之猶昨日也癸酉君以拔萃貢成均旋丁外艱明年遂幕游鄂渚嗣是不復家食而余自丙子赴京兆試亦歷游齊魯浙蜀至壬午歸應省試則姚臣孟和皆前卒獨與君晤於白門君與余皆久困場屋是年皖撫裕壽山中丞監臨試事撤棘後稔知君文行聘入幕掌牋奏既相處日久倚君如左右手嗣後皖帥繼任者凡九易人皆維縶君不聽歸兵刑錢穀諸大政悉諮決焉而余自癸未公車報罷後尋隨槎海外游歐美二洲者十年歸而爲秦晉楚粵之游者又數年壬寅之秋奉使義大利國過家時君丁裘太淑人艱方里居因得握手敘別後事蓋

距壬午白門晤時二十年矣昔年文酒之友無復存者獨君與余
垂老相對君新病初起而意興未衰語余現方闢蔬圃藝花木不
預戶外事手一編以自娛余時鞅掌海外意甚羨君別後書問數
至洋洋千言字畫結構完整不異壯歲余方謂君此享大年之徵
乙巳元旦立春余在羅馬用韓魏公安陽集中元旦立春詩韻賦
一律寄君乃詩未及達而君訃至矣哲人既萎吾道益孤自乙丑
識君至此凡四十年云明年歸自海外君弟石仲謂知君深者莫
若余囑爲君傳余諾之頻歲奔走久未報命戊申九月出都將赴
粤君弟季欽復申前請誼不可以再緩謹即石仲所爲君行狀括
其大略君諱森書字綸卿江蘇金匱人同治癸酉拔貢生曾祖諱
某廣東樂昌縣知縣祖諱某太學生父諱某廩貢生安徽候補同
知三代皆　誥贈通議大夫曾祖母王祖母樊母劉皆贈淑人繼
母裘封太淑人君性孝友始贈公需次皖省不以家累自隨食指

頗繁君昕夕治舉業課徒藉脩脯以奉重闈仲叔季弟皆親自督課卒能有聲庠序贈公既歿橐筆出游仍資館穀養親性廉介雖久在帥幕取與不苟硯田所獲修先祠輯家譜兢兢以敬宗收族爲急昆季四人至老翕樂無間一門之內敬順雍和族戚交羨其內行之美如此抑余重有感者君四十以前始疲精於舉業繼肆力於詩古文詞大率不越文人之事自入皖帥幕府感其禮遇之隆閱時之久舉軍國大政措置安危一以身任之雖未膺 朝命隱然負全省重寄其憂勞過於常人又諸箋奏書牘概出一手任事久而耗心太過年未五十鬚髮已蒼銷鑠精神殆由於此夫士人讀書恒言通經致用君之在皖合省受其福其致用遠矣特名位未顯耳凡人幼學壯行第患空言無實君既有其實矣奚事外至之浮榮哉君以拔貢生就職直隸州州判以籌賑積勞晉州同分省補用同知娶徐淑人同邑候選縣丞徐公濟女相夫四十年

有賢聲嗣子倘勳浙江永康縣典史女二一適直隸景州知州楊壽楨一適陽湖附生趙湯君生於道光辛丑八月二十日卒於光緒甲辰十一月二十日春秋六十有四乙巳九月葬於惠山之麓馬家墩之左余既詮次君傳因併及四十年間與君交游離合之迹以附見焉

顧耘蓴先生墓田記

古人之教子女並重後世賢者訓子誡子諸書往往而有而於女鮮聞焉近世桂林陳文恭公始有教女遺規之刻其用意可謂遠矣抑聞諸古人之言曰興門之男衰門之女自昔簪纓之族傳世已久其子孫或不蕃而其女所適則或昌熾寖大其興勃焉蓋物理不能無盛衰而善氣所育有時不於彼而於此理或然也吾於顧耘蓴先生墓田有感焉墓田者先生女孫歸華氏者所置也先生邑諸生工書善畫原配王孺人繼配徐孺人合葬惠麓仙人塢

子爲雪梅先生配甯孺人祔焉生子女各二子皆未婚而卒女二長適丁煜早卒次適候選員外郎華景方先生名袞臣封宜人予婦宜人從女也嘗爲予述宜人事云宜人幼時家無宿產境故絕窘宜人晝鍼黹夜紡績貧不能具燈火輒移繅車就月恒終夜有聲既歸華事祖姑周太恭人以孝聞其處娣姒也事必任其勞而以逸者與人既主家政入不足出則罄其私財以供甘旨景方先生與昆季甚友愛宜人體其意從子女失其母親鞠育之與己子同庚申寇亂華氏避於許舍景方先生佐團練於蕩口音息不通賊至許舍周太恭人暨予外舅外姑先後殉節時殉難者大抵皆藁葬賊平覓骸骨則往往不可得獨宜人逆計有變預徙良櫝於鄉倉猝中棺殮如禮又出所藏錢貲以舉柩同仁育嬰善堂本華氏建至是宜人攜文券以行有識其非急者不聽而櫝埋諸地亂定後諸失文券者多致訟獨善堂產無尺紙遺其先事遠慮皆此

類也周恭人有女歸於史殉節後遺子女二人予外舅遺子女亦二人皆依宜人以居宜人煦之以恩教之以禮迄十餘年不忘孤子皆成立女亦嫻其訓婚嫁從子女無異所生見者莫不美宜人宜人嘗爲予言吾所以爲華氏者即死者復生問心差可無憾獨念吾父母生二子次粵匪亂被擄僅存長子不能早爲娶婦致閒然無嗣此吾罪之大者言已欷歔不止又曰吾祖父母父母墓在仙人塢歲時祭埽今一歸華氏特恐閱世浸遠子孫不能無怠忘久欲購置墓田以爲久遠計生平女紅所入不下千金顧皆隨手輒盡近始學爲蠶桑積數年之贏已買田若干畝子當爲我作記以示子孫庶他日長保此一抔土乎予惟宜人之於華氏所以事祖姑相夫子者厥功甚偉此固華氏之澤而究其所由來則皆耘蕓雪梅兩先生之教也故先生之無嗣天也先生無嗣而女不啻其嗣使華氏世世子孫奉祭祀拜跪壟則亦天之所以報先生教

女之心也故不辭而爲之記幷畧與宜人懿行庶後世子孫苟無忘宜人之功則亦可無忘先生之澤云爾

重建惠山尊賢祠記

尊賢祠舊在二泉亭上其始爲陸子祠祀唐陸處士羽建自北宋時後增祀劉宋湛長史挺唐李丞相紳爲三賢祠明正德五年邵文莊公撤祠屋更新之增祀宋以來焦公千之等七人爲十賢堂謂諸賢於茲山生游歿葬名在天下非此雖賢弗與嘉靖四十一年邑人增祀文莊公與秦貞靖先生旭合十二人改稱尊賢祠此尊賢之名所由昉也迨入　國朝自康熙迄乾隆年間先後增祀者又得十五人則與文莊建十賢堂初意似不符矣嘉慶四年秦侍郎瀛重修作記戒後人毋更妄有增入以貽有道者之譏然迄於咸豐增祀益衆復得二十一人合之共四十八人祠初在二泉之上康熙間移於若冰洞之東後復移於德水亭最後移於至德

祠之右即今祠也咸豐庚申遭粤寇之亂燬於兵燹鞠爲茂草四十餘年光緒丙午余自海外歸丁未季春乞假旋里與諸同人低徊山泉之勝追話曩時文獻高君松濤指謂余曰此尊賢祠故址待重建久矣君盍捐貲爲邑里倡余敬諾顧君季欽及在坐中諸君從而贊成之於是重建之議決顧集款無多鳩工不易時則顧君子文陸君藹如秦君子治牧卿僉謂不如仿東林書院報功祠之例凡捐貲之人得祀其先世之賢者於別室則羣情必翕應既而衆意僉同款乃漸集方舉工之初凡有不給悉由季欽籌墊經始丁未之冬迄己酉夏竣工凡爲饗堂廳事門闕樓閣亭榭臺觀以逮庖湢之室共二十一楹凡用銀元六千六百有奇其監督鈎稽胥由高君松濤任之自城中至祠徒步往來三百餘次勞亦至矣是年仲秋有司恪遵舊章致祭官紳預祀事者數百人蹌蹌濟濟復覩嚮時之盛焉辛亥仲春余自粤中還季欽屬余爲文記之

時方以事入都是秋東南亂作風塵澒洞余滯京久之壬子夏五始返里門季欽復申前語余因感念文莊往日崇祀之本旨并述今茲重建之緣起如右嗚呼造物不言無爲而成化方邑人初祀陸子時特以其功在泉耳不盡爲其賢也詎知千載而後邑之賢者且因其祠而日附益之苟非其人雖貴至卿相不得入其門焉卽其人賢矣猶懼以濫貽譏恐或戾於昔賢之志此亦足以見邑士大夫之風尙而臨事之謹嚴矣嘉慶間秦侍郎記尊賢祠左有報忠祠今祠址甚狹別爲一室奉諸忠節神位自漢新陂令虞公俊迄　國朝州判華公元超凡四十人列饗堂左楹君子世治則立身行道時危則致命遂志其賢一也夫世道有興廢而君臣之義不容變易觀於今日邪說橫流政綱掃地歲寒知松柏之後彫則報忠之示勸固宜與尊賢之旨並垂天壤矣堂之右楹爲報功祠所以志斯祠之復興皆諸賢裔之力禮以義起且欲俾後之人

永保享祀於勿替云

出使大臣題名記

人臣之過莫大乎履其位而不明其職任其事而不課其效職之不明則於其官守之繫乎天下國家之安危或且不知而貿焉承乏之至一旦變作方不測其咎之所由來效之不課則其心亦未嘗知是官之所繫之重而苟且取巧旦夕以便吾身由前之說曠也鶩於利而不知害由後之說欺也務避其害而以爲私利不有人非必有鬼責而卒亦同歸於盡自光緒初元　朝廷始遣使東西洋各國其時視使才尤重有才望者或不願行行者亦未敢苟焉充數歷數年始定駐歐之使二駐美之使一駐亞之使一自是近二十年至甲午以後增置日廣今則惟美洲如故駐歐之使七駐亞之使二交際日繁而交涉之事亦日棘今具列其名如右而其人之賢不肖所謂曠且欺者亦具列焉下闕

書晉陽二嫗事

戊戌閏三月余自都中攜眷來晉既抵寓雇一女僕頗有宦家風詰之乃翁嘗以縣令需次某省夫亦士人家來素封惟一門十餘人無不吸煙者翁夫相繼卒產日落家中人死亡過半存者貧病不聊今祇母子二人有屋數楹得僦值僅供其子吸煙之需無所得食因傭以自給余問汝亦吸煙乎則忸怩久之曰日間可不吸至晚須吸問需錢幾何曰無多日祇四五十文問汝一月工資千五百文僅可供吸煙曰然問已吸幾年曰初嫁時卽吸今已二十餘年余謂宦家婦流落誠可憫不宜使供役吸煙若此尤不可留遣之明日雇一嫗年已五十餘詢之本農家向未服役於人近始爲傭觀其貌頗樸愿留十餘日寓中屢失物家人怪而詰之則覥然曰不得已也吾家本有田數十畝初年種雜糧米麥頗足自給後見種罌粟利厚改植罌粟歲入之數計其半已過往歲所穫由

是吾夫日吸煙繼而吾子亦吸之吾媳亦吸之則歲之所入除僅供吸煙外而饔飧不足以自給矣乃鬻其田之半則並吸煙亦不足去歲因盡鬻其田家有二孫長者八歲幼者初生時其母必日噴煙數次始能啼笑自是習以爲常今纔五歲已慣吸煙日亦需錢十數文自鬻田後全家無所得食祇吾一人不吸煙故出傭於外得傭資養吾夫尚有幼子十餘歲吾傭所入不能兼養不得不竊主家物時時私畀之兩月前長孫出門走失徧覓不得近日始知因兒媳無錢吸煙鬻於河南人爲奴得錢十數千現已赴河南去矣言已涕泣家人聞其語不復呵責亦遣之嗟乎此二嫗者一宦族一農家皆以耽嗜煙毒凋落貧困至此向使兩家不吸不種其婦女未必若是顛沛也然吾數月來每與人言晉省宜禁種罌粟鮮不以爲難或曰今地畝有稅行商有稅坐賈有釐金計晉省一歲所入爲銀二十六萬三千餘兩方今度支不足土藥稅釐戶

部恃爲正款如禁種罌粟安所得此以解部乎或曰山西田土瘠薄如種米麥雜糧則完國課之外無以自給罌粟利饒必種此民方有餘資藉得溫飽雖禁亦不聽最後一友人謂余曰君勿言禁煙此官場所最不樂聞者記數年前就館某縣查境內種煙之害共計七千餘畝祇報二千餘畝以其一歸公以其二自私一縣如此他縣可知此弊相沿已久必上司雷厲風行或可稍戢乎無斧柯强聒奚益乎聞而默然繼念二嫗皆晉人其言家被罌粟之害如彼而士大夫言罌粟則上裨國計下厚民生且資以自潤得失損益之不同如此吾嘗讀易繫辭傳何以聚人曰財其言理財必繼以正辭禁民爲非亦異於今所聞矣故詳書二嫗事以冀爲民牧者察焉

家世事略

許氏伯夷之後也自有虞氏至李唐詳宋王安石所爲許氏世譜

中自唐以前散處各郡唐以來則惟高陽之族爲最盛高陽之族始於魏郡守據而最著於唐睢陽太守遠宋南渡後其子孫避地江左者尤衆今自江以南極於浙閩皆睢陽太守後也吾家舊籍安徽之歙縣自六世祖文之府君始至錫時　國朝康熙十八年府君至錫凡十一年而卒遺孤二人長曰昌侯方四歲次爲右良府君生纔數月耳妣吳孺人撫二子成立苦節五十四年以上壽終昌侯無出右良府君有子四人長卽吾高祖烈忠府君自烈忠府君以上式微特甚又以僑居故無宗族右良府君幼孤先世事不及知也烈忠府君年四十無子禱於神生廷元府君府君爲人謹動不苟持身治家皆有法度鄉里翕然稱長者烈忠府君年七十九而終府君痛不欲生曰父生我晚今欲爲父舉一觴可得乎吾母嘗言來歸時府君年八十矣每起必黎明坐書室諷佛號家人咸集叩起居府君一一勞問或稍後至則目他視頷之而已中

門以內無五尺之童肅如也府君起貧窶以善賈手致萬金妣孫孺人尤賢相府君以勤自是始小康矣有子六人吾祖雲高府君性最樸誠生平不知機械事事親至孝既頒白侍廷元府君側如孩提廷元府君亦稚子視之出入必偕廷元府君病侍湯藥數月不解帶因得羸疾及廷元府君卒衆謂府君病已深不宜視含殮府君執不可殮時憑棺一慟而絕時年六十二矣妣秦孺人生子八人次即吾父星湖府君也府君少穎慧善讀書生平孝友謹飭與人語恂恂如不能出口少年與戚某共賈既折閱遂大困因之滬上嗣是賈於滬者三十年與人交無毫髮欺臨財不苟歲入雖薄恒以助昆弟之不給者方吾父之困也祖母秦孺人疑吾母命蹇使然吾母婉事之起敬起孝晝則侍舅姑執役夜則手女紅達旦得錢易米十指皸裂不恤也晚生予兄弟二人甚愛之而教之極嚴不少假借憶總角時有過不甚詈但終日不與言必長跪

悔罪乃已吾父賈於外予八歲時母令作家書口授其語遇疑難字則檢書傍之時方夏月吾母手扇爲驅蚊自後遂以爲常予之悟文義由此始及爲舉子業頗不費力師甚愛其聰俊不知導之先路者乃吾母也嗚呼方文之府君之歿也一嫠婦兩幼孤且寄居異鄉無葭莩之親當是時許氏之不絕者如綫吳孺人茹荼食蓼幸而孤子成立今吾族雖不蕃然此數十人者皆右良公後也自廷元府君以來孝友端謹三世相承所不足者無讀書顯揚之人耳然以三世之內行純備即儒者何以加此吾母之教慈愛肫至人子即至不肖亦不能不愧悔自勉今吾父歿已十年吾母亦月老矣爲子孫者惟思所以綿祖澤而報親恩固不可一日忘也時同治壬申八月二十一日是日吾母誕辰也方課徒虞山不及歸侍母觴燈下獨坐因歷敘家世事以自警省并書一通寄示吾弟

書世系表後 甲戌

珏既據世譜作表繼又證以唐書宰相世系表見其牴牾處頗多因錄出之譜云允三子而祇載奇猛二人世系表云允三子殷動猛而無奇名一也譜云允後五世詢世系表以詢爲允玄孫二也譜云詢孫珪世系表以珪爲詢第四子三也譜云敬宗與其孫令伯以文稱當世世系表有彥伯韶伯而無令伯名四也譜云許紹者善心族父也世系表云安陸許氏出自詢五世孫君明君明曾孫紹則善心輩行與君明等紹且爲善心姪曾孫五也至世系表與唐書牴牾者亦有二處表以遠爲敬宗玄孫而忠義傳則云曾孫表祇載遠子峴而忠義傳尙有遠子玫官婺州司馬竊意荊公作世譜必據當日許氏子孫家乘非憑空詮次新唐書表祇據在官簿牒難免錯亂且一書之中傳表已自參錯固不如荊公之文信而有徵也今錄世譜於前仍以唐書世系表附云

字大兒說

吾少讀左氏傳慕范武子之爲人觀其才似不逮管仲子產而德器深厚殆過之及觀其所以誡子者益信其所以自處史所謂神人無怨者也然爲武子固難爲文子尤不易大抵記載所傳父子濟美世不恒有其尤過人者其後益難乎爲繼即管仲子產皆不聞有良嗣他無論矣文子承武子之敎席極盛之後而其心欲然若不足是以際多故之朝事上接友處之泰然不詭隨以徇物不亢厲以招尤信乎盛德之君子也歲癸未大兒同范年十六矣是歲十一月二十有六日其生日也將仿古爲行冠禮獨念是禮之不用於世已久又今昔冠服異制如禮經所載三加等儀節今皆無可施惟既冠而字之則此意今不殊於古予初欲字兒曰公武既而思之期其爲武子不期如其爲文子且予既慕武子之爲人矣則兒他日如文子之能繼其父不益慰予之志乎乃字曰文伯

夫觀乎天文以察時變觀乎人文以化成天下文之爲義大矣哉而予所以字兒者則惟以文子之不辱其先爲可貴也既以字兒因書此説以詒之其古禮之不能行於今者命兒莊書一過以想見古人重成人之意而幷書此説附其後是卽吾許氏冠子之家規也巽日韽兒萊兒皆可仿此行之

晴川二弟暨弟婦張恭人六秩徵文事略

光緒丁未之冬余與溯伊姪同客京邸姪以明年弟已六秩晉五弟婦亦花甲一週將歸稱觴思徵文於平昔知好及當世賢豪長者因請於余冀備知世澤之詳及余兄弟幼時所聞於先資政公之庭訓先太夫人之慈教余告之曰許氏之先出自伯夷自北宋以前世系略見於臨川王氏所撰許氏世譜余家自　國朝康熙十八年六世祖文之府君爲鹺商由歙至錫樂其山水清淑遂定居焉五傳至資政公皆潛德弗曜隱居未仕資政公近四十始生

余兄弟二人以得子晚甚鍾愛然教之極嚴弟少余一歲同入塾資稟穎悟弟稍不逮余顧余除讀書外於他事類顢頇與人易忤弟則敏慧應對周旋皆適如人意往往能調護余以是堂上尤愛之資政公嘗指弟曰是兒他日能代我勞又曰汝兄祇可聽其壹意讀書家事汝當獨任即應曰唯弟年十四嘗與余同應童子試文亦清楚可觀先太夫人謂兒輩皆業儒則汝父無息肩之日以是弟年十五即棄舉子業習賈未二年粵逆陷蘇常時資政公在上海與無錫隔絕太夫人率余兄弟轉輾避寇凡三徙而至常熟之廟橋鎮既而資政公自滬歸挈家渡江至通州未匝月復徙上海余隨侍親側雖感世變仍日手一編凡出入鋒鏑經營生計皆弟任之同治壬戌資政公在里寢疾弟在滬上聞耗星夜馳歸至則疾已亟弟禱於神刲臂肉和藥以進卒不效哀毀骨立出槖中裝以治喪必誠必敬時弟年未冠族黨見者皆歎息明年余奉太

夫人復至上海弟經商盡力孝養乙丑余補博士弟子員明年食
餼又明年畢姻凡所需用悉取給於弟計連歲耗費不下千金弟
無幾微見於顏色曰吾父昔言家事當獨任也余師觀察王叔彝
先生資政公友也既愛弟才又嘉其內行時督辦浙紹鹽局擕弟
偕往命總司稽核未幾先生攝篆嚴州凡會計事悉委之居無何
先生卒於嚴弟復回滬上仍理商業連歲折閱境乃大困自先公
之沒至此凡九年余未嘗知家人生產之累庚午以後始資館穀
以養丙子余應京兆試游山左入丁文誠公幕府嗣是奔走衣食
南至浙北至晉己卯復應丁公之招入蜀而弟自庚午後游鄂依
同邑李齡湘丈嘗爲莞漢陽榷務佐竹溪縣幕至庚辰歲弟亦入
蜀就館蓋兄弟蹤跡睽隔十年而始合也壬午余歸省太夫人兼
應鄉試倖登賢書自後遂不復入蜀弟歷就朱效先大令華建庵
直牧之聘（萬縣　瀘州）爲管榷政凡留蜀七年丙午以後余從南海張公

同邑薛公奉使歐美兩洲弟念太夫人春秋高乃決意回里侍養
自是承歡朝夕極愛日之慕壬辰歲太夫人寢疾弟躬侍湯藥目
不交睫時家中兒婦孫婦輩近數十人太夫人諭弟勿自苦侍疾
有人弟始終未頃刻離左右太夫人既棄養則馳書告余戒家人
毋發電謂數萬里外驟得急電驚恐悲愴恐有他虞及予發書星
奔回里怪家人未發電衆乃述弟意如是嗟乎余與弟共受鞠育
之恩而先公先太夫人之喪余均未侍側抱憾終天弟乃獨致其
盡哀盡禮之誠豈亦有數存乎其間耶自壬辰至今弟竭力經理
先公先太夫人營兆樹木垣牆必整必堅拓地濬池蔚然佳城余
每歸拜掃歎弟慎終追遠之思爲不可及也弟雖未獲奮跡詩書
然積善餘慶溯伊早雋鄉闈以慰弟未竟之志弟婦張恭人事姑
盡孝相夫有禮而訓子尤嚴溯伊既承祖父累世餘澤又得賢母
之教自其幼歲即飭躬謹信弱冠從其母舅張君塈屺於鄂中習

名法家言會國家功令停科舉遂游東瀛學政治法律畢業而歸今相國南皮張公致之幕下隨入京師兼任法律館分纂及地方審判廳推事年未三十卓然自立益歎造物無私昔之嗇於弟者今將豐於姪願瀚伊勉旃猶憶丙子歲余初赴山東弟爲治行李製衣裝手自摺疊一一檢理畢謂余曰兄性不諧俗出門就館爲養家計乞稍圓通又曰上交固貴不諂亦勿過亢余雖諾之然迄今三十年自審此病根尚未拔去上年自義大利回京復　命弟送至上海謂余曰今時論尚新而兄獨否此於仕途恐不宜盍少紆迴以就時局至冬貽書促余歸謂九龍二泉故鄉風景可念今春余請假回籍弟喜謂余曰世途荊棘宦海風波兄既齩得菜根以後願勿再出共尋怡怡之樂余曰諾蓋弟始終慮余戇直不啻幼年同塾時也宋柳仲塗有言凡骨肉乖離多起於婦人中人之貧兄弟親愛者尚多妯娌親愛者絕少弟婦張恭人來歸四十年

與余婦華夫人交相敬禮未嘗有一言違忤此尤人情之所難凡和氣可以致祥而積德乃能裕後余兄弟數十年來所歷屯邅之境不一而幸能自振者皆先資政公之庭訓先太夫人之慈教也溯伊將求文章於當世賢者以榮其親其即以余言爲徵文之啓也可

范孟和像贊

道南一脈實啟東林斯文不墜代嬗至今維我良友純修卓行闇然日章動必以正天懷沖淡不鶩榮名咫尺湖山若將終身至性孝友力矯薄俗廿載硯田貧而能樂我始識君成童之年抵掌言志意氣沛然中更世變斂華就實山右同游晨夕一室君每勗我道在無爲知雄守雌爲天下谿三十八年言猶在耳知止不殆請自今始載瞻遺像回溯前聞述君雅言以垂千春

龐孝女像贊 并序

孝女龎德靜無錫人處士安瀾之女也龎氏在嘉慶年間由江甯遷無錫是爲孝女曾祖肇忠公有子六人長即孝女祖雲堂公生一子即孝女父也龎氏自金陵來將及百年門祚衰薄肇忠公六子自長房外二三四六皆無嗣惟第五子聲和公有一子安泰年二十四亦未娶而殀於是孝女父無期功之親矣孝女年既長父母將爲之擇配孝女念其父已及衰年而弟尚幼未來事不可知遂矢志不嫁以侍父母操持家政鉅細畢親迨弟既授室父母皆歿即長齋繡佛晨夕一室皈心淨土不復問塵世事孝女曾祖母爲先妣㑹太夫人之姊余伯姊歸於龎即安泰母也孝女之弟邦傑今已有子二人其幼者爲安泰嗣孫今歲孝女年六十三矣一日出其像乞題余追維孝女矢志不嫁之由爰誌其大略并爲之贊云

梁溪龎氏徙自秣陵百年相傳以逮孫曾門衰丁單期功不具桑

今狂以簡書之故仍不遑將母不謂竊衛之外奉使之日公之靈
負公之所期猶冀公之康強矍鑠雖暫漏於此日或并合於他時
公知十載於茲以不忍遠高堂之故再合再暌不得終侍左右以
之遷擢此朝野賢愚所共慟而豈獨狂一人之哀其私嗚呼狂受
駘背眉壽多福猶懷不得竟公保乂之施胡昊天之不弔俾柱石
公以共濟吏道之污尤恃公以轉移如公之正直愷悌縱歷黃髮
嗚呼公之忠誠　聖主允知公之清德海內所師國步之艱方倚

祭丁文誠公文

告後人

神迴萬象幻質未化猶留此像百年瞬息莫忘前因敘述其詳以
恩終身莫酬一親仙化百慮皆空微塵世界泡影行蹤方寸靈臺
晨羞饌我夕膳南陔春融北堂日暖非曰養志聊以忘憂圖繪之
綸晚景寂寥寡侶孝哉有女能體父心屏卻環瑱絕意琴瑟[illegible]我

問遽集於斯嗚呼方玨之歸公執其裾謂我拙直勗我盡規此人情不能得諸敵以下者而公之於玨若惟恐或遺嗚呼玨實負公悔其何追雖不能追其能不思海天西望薦此一巵嗚呼哀哉尚饗

祭閻文介公文

維光緒十有八年歲在壬辰月建丁未宜祭之日受業年愚姪許玨謹以清酌庶羞之奠致祭於夫子中堂閻文介公之靈而長言以申其哀曰我初謁公己卯之春維時入蜀道由運城尺刺甫通扶杖我迎接以溫顏賜以酒食入座煦春笑言竟日誰謂邂逅歡逾舊識書告蜀帥目爲佳士獎借拳拳有加無已何圖於公一旦得此越歲壬午我舉於鄉忝與令子同賦鹿鳴計偕北上拜公於京我未至都辱詢行李及其既至視同弟子誘之掖之過於其始癸甲之交東訌越裳衆議洶洶沸羹蜩螗瀕海七省列戍相望公

在樞府我伏里門蒿目時艱草書萬言將貢狂愚上達九閽既抵京師公謂姑止請纓非時越俎何恃代斵而傷不如其已感公良誨息影春明發篋陳書文藝是營庶幾三年一飛而鳴古稱長安居大不易兄我迂疏罔知生計公爲綢繆時其乏匱有車鄰鄰餉粟於門相國之祿以爲我飧匪私一士古誼是敦南海張公持節東邁公來命我盍游海外拓爾壯懷覘茲風會我告公言固所願也凡今時論師夷變夏策士慮疏經生識寡二者交譏吾國日羸財匱力殫孰塞漏卮不有忠信焉格豚魚公顧而笑拊掌稱善允子所言不負吾薦努力他年濟時達變海波浩浩天風浪浪越四萬里而居異邦豈繄身謀冀爲國光人心不同有如其面我心匪石不可以轉雖不處囊末又何見荏苒三年來歸自東此行無補我實負公公曰否否子謀則忠我之未返公已在告養痾京邸時聞

溫詔再疏乞歸安車就道曩公秉軸我猶引嫌上交不諂古

訓所嚴雖有私懷蓄而未宣今公歸矣願得執贄從門生列北面
師事高山景行以遂吾志　璽書有命乘傳載途公戒僕夫單車
出都蕭然行裝去若寒儒不告於衆以節纏綣東郊祖帳咸成慮
願嗟我臨歧靳兹一面公歸山右我來歐洲窮海邈然奄忽三秋
去歲緘書未知達否豈期邸鈔傳徧瀛寰　明諭煌煌公歸道山
拊膺一慟曷禁汍瀾嗚乎公乎而今已矣日黯雲淒山頹木毀孰
分國憂孰貽民祉我之慟公匪僅其私追維往事雖已於悲悲公
忠懷未竟厥施公撫山左鋤奸去蠹吏道澄清疆圉完固野無曠
土戶鮮逋賦彼何人斯讒口哆張挾其奸私詆斥忠良蒼素易色
有舌如簧　聖聰未淆公志已決願歸中條優游歲月一十五年
槃阿不出世方多難　帝實思賢　徵書絡繹再起林泉朝野欣
欣屬耳目焉既筦農部旋贊綸扉嘉謨嘉猷啟沃隨時國用以充
庶績以釐同寅嚴憚屬僚惕息公心冰淵公身圭璧匪敢議公懾

公清節　帝眷方隆不可以移人望方屬不可以違議夫賜賻日

陛跪之公量雖宏公性則介旣擊我肘國事焉顚道之不行命也

何害三年樞相强半移疾七載大農日昃未食　主恩誠深衆好

難協大臣引年進退以禮身歸江湖心存殿陛惜哉遠謨而不盡

試自公之歸衆論益明筐篚相承寵賂肆行孰懲官邪以勵國禎

緊我慟公情在於斯知己感深一人之爲直道不容曠世獨悲

絲綸自天諡思在野忠淸粹德無間言者儉夫徒勞公何憾也傳

稱明德後有達人泰交之朝喬木世臣方叔召虎賻公後昆我廢

於玆執紼莫從縗詞紹城彷彿音容公其來格嗚此哀衷

復庵遺集卷十五

復庵遺集卷十六

無錫　許　珏

文四

具區賦

東臯子沖漠好道怡神詩書居臨震澤之濱閉門十年未嘗出游適有煙波釣徒聞而造焉曰先生居道德之囿游仁義之塗風雨不輟寒暑一驢形瘁神槁忘其勤劬雖然亦知四海之内几席之外有可以娱目而悅志者乎東臯子曰鄙人聞陋未之聞也煙波釣徒曰夫宇宙之勝靜則樂山動則樂水黃流九曲岷江萬里怪麗千狀不可殫記子未之覩吾述亦憊吾所言者鄰子之居咫尺可見是謂具區具區之爲水也負長江趨大海天目導其源淞婁竟其委左則洮湖滆水之縈紆右則苕霅諸流之交匯納百川而委輸環三郡而襟帶岡巘之阻則天地之奧區焉風濤之壯則萬

壑之歸墟焉是以爾雅稱吳越之藪職方兼五湖之浸由三古以
迄今爲東南之形勝具區之中有山七十或浮或沉或現或沒或
若鳥翔或若人立或若蛟龍之拏雲或若贔屓之負碣交錯糾紛
盤紆茀鬱其最勝者號曰洞庭兩山對峙上干青雲東山之麓周
六十里西山倍之凡百三十里而嬴其中則有沃壤平疇廬井田
牧曼衍原隰錯雜溪谷類桃源之仙境非塵世之村落其土之植
則桑梔的皪橘柚苓芳白梅夏熟綠橙冬香家種黃柑之樹園收
銀杏之糧水族則有魴鱸之味鮒鮆之珍時裹之白鱠殘之銀石
首玉筋紛羅畢陳然此第言山中之勝也猶未嘗觀於斯湖之浩
若乃浩浩茫茫渺渺忽忽登高四望瀰天一碧萬頃之水鏡平六
桅之船雲集則有吳娘踏歌漁娃撒網隨風折旋與波下上輕若
飛鳥捷若運掌倏忽起落變幻萬狀遠而眺之斷岫點點隱現迷
離如蓬萊方丈不可接也近而矚之怪石嶙嶙谽谺序豁如奇獸

怪物爭趨攫也當夫長風怒號欲野歕山雪浪排空陰雲蔽天鯨吼鼉鳴鏜然填然佔檣傾擢地軸轉旋鵾夷見而悸心賁育駭而汗顏俄而林蘩寂響風日晴朗縠紋漣漪帆影蕩漾遙天漁笛之聲江上采菱之唱靈巖則返照一痕弁山則輕煙瀰望則又四顧徘徊怡然神曠至若瑤海月上星河倒懸流光千里玉宇高寒又若遙山雪霽積素萬疊俯仰上下珠宮貝闕一日之間奇態萬殊四時之際無不可娛斯固天下之瓌瑋大觀而賢人畸士所樂而不返者也溯昔泰伯采藥始居其間闔廬夫差遺蹟遂繁故有翫月之渚消夏之灣牧馬之城圈虎之山登夫椒之麓則句踐所從遁也躡杜圻之峯則夷光所偕隱也金廷玉柱石函寶書漢劉根學道之地用里黃村丹崖翠巘周綺皓避秦之境也他若陰生燒丹之井柳子傳書之鄉雪竇降龍之淵聖姑絕雉之塘靈怪恍惚更僕難詳故北極遼塞南踰嶺嶠西越川蜀東至海表四方之人

來游吳者無不弔古褰裳探奇鼓櫂沿流溯洄陟岡登眺擕賓侶從謳童舉酒屬月浩歌當風將挾飛仙以遨遊淩煙水之無窮今吾子生長斯土塊然獨居一室之外視若贅餘盍亦强起而從我游乎於是東皐子俯而不答仰而顧笑徐謂客曰若子所稱誠騷人墨士之見聞亦足以號博物而譽多能矣雖然嘗探其原而求其始歟夫天地之水東南爲下衆流所趨懷襄之代泛濫實多孰爲豬之洩之俾吾儕免於魚乎其始斷髮文身之地耳周漢以降敎化蔚興學校俎豆其文彬彬迄於今代懷鉛握槧之士類能咀含仁義歌詠昇平此又誰之功也吾子不陳明德之餘烈溯端委之遺風侈語山水誇述游蹤夫風濤之勝登覽之樂此亦彭蠡岳陽諸水之所同也豈足爲具區稱哉且夫捐藪澤以予民王者之恩也設險以守國疆域之事也具區之界跨州連郡浸邑十數財力雄富民物錯處澤梁之利固甲東南汊漊糾曲亦易藏奸波濤

角逐在昔爲患今則帆檣四達千里宵行囹圄兩歛跡蛟螭潛形山中之外戶不閉湖上之澄波砥平是蓋由　聖朝二百餘年之澤涵育之至深也方將殫思慮竭愚蒙述古昔宣　皇風緬斯湖之底定歌薄海之大同奏之　朝廷翕乎雍容東皋子之言未卒煙波釣徒矍然改容茫然失據逡巡下階鼓枻而去

惠山昭忠祠賦 以登高能賦可爲大夫爲韻 有序

皇帝御極之二年吳會既平　天子惻念死事諸臣優詔賜郵江蘇撫臣奏建昭忠祠於惠山之麓　旨如所請祠既成有司春秋祀焉俎豆方新湖山增色於是四方人士游於斯者莫不懔然於臣子致命之義　聖主敎忠之心恩至渥也報至隆也爰爲賦曰

覽名山之勝槩感祀事之肇興惟臣節之克盡洵　恩命之寵膺棟宇斯煥神靈式憑炳日星河嶽之精千秋不朽占巖壑林泉之勝拾級堪登憶昔兵塵未靖烽火初遭綺街兮荊棘蘭若兮蓬蒿

空復聽松石古點易臺高驚心百戰乾坤可憐焦土曦有半天風雨怒捲松濤每當角聲月落劍氣凝霜指林嵐兮目斷話邱壑兮感增俄而天戈威震露布歡騰孟參軍落帽龍山別來無恙崔去病圖形麟閣孰與爭能湖夫貔虎嵒城蝸蠻負固士卒爭先將軍赫怒甫躍馬而飛馳旋登城而蟻附奮擊雷霆追逐雲霧允矣勳垂金石不負　君恩壯哉氣作山河克完天賦我武維揚神威不墮死豈鴻毛尸肩馬革大節既伸　恩綸寵荷鞠躬盡瘁而後已臣子分宜然以死勤事則祀之　皇帝制曰可乃相地勢建宏規此邦之勝於祠爲宜極宮殿之巨麗攬山水之雄奇飛雲在棟靈風捲旗允宜百世流芳蘋豆薦而來享回憶頻年轉戰洵保障之能爲彼夫鄧耿則列士分符褒鄂則淩煙圖繪或擔爵而析珪或輕裘而緩帶孰與此威振江東祀崇吳會効忠節於一朝答生成於兩大即此湖光山色已堪照耀人間定知風馬雲車時復馳驅

天外士有栖遲巖壑俯仰寰區緬山川之風景瞻祠宇之規模感
天恩於北闕仰臣節於東吳愧無倚馬之才亘揚乎　聖德敢
以雕蟲之業貽笑於壯夫

擬鮑明遠蕪城賦　以薰歇燼滅光沉響絕爲韻

噫嘻乎悲哉野岸霜飛平蕪雲沒蔓草迷煙殘墳臏碣麋鹿遊臺
狐狸聚窟淒風碧葬之魂荒露黃埃之骨過斯城者莫不悲風景
之飄零悵繁華之銷歇方其劃雉堞剞陂障複關之險五達之康
固若磐石堅逾金湯因而綺街𨷲麗香徑尋芳淩雲結館拜月搆
堂侈蘭宮與彤閣極瓊壁而瑤房十索絃歌雛燕嬉春之韻萬家
燈火燭龍耀夜之光無何鼙鼓聲喧金戈響震鳳凰臺上倚弓鸜
鵒窗前接刃焚燧則瑤草俱萎繫馬則琪花悉躪亭館忽其爲墟
蘭蕙俄而已燼昔之瑣窻翳袖曲沼漪裙吟成咏絮巧奪迴文莫
不埋魂荒石抱恨寒雲金谷詩成可憐明月玉樓夢醒空恨斜曛

倚絲桐而莫御撫蘭麝而誰薰於是僕本恨人心愴欲絕循堞魂驚登樓腸裂草木爲悲山河與訣愁聞南內之鈴怕贈西園之玦綺羅盡兮玉樹埋邱隴平兮金甌缺感天地之一瞬痛滄桑之變滅遂乃弄桓笛調嵇琴蔡笳韻急燕筑聲沉擬蘭成之苦語和靈均之哀音左望端溪右盼墨林含毫綿渺爲蕪城之吟吟曰峻隅兮荒煙高臺兮榛莽銅駝埋兮走磨鼯金人徙兮集魑魅璇淵碧樹復何存淒涼怕聽寒蘆響吟卒扼腕悲憤凝思悵惘感世途之菀枯參造化之消長維聖人之金城亘不敝於天壤

木芙蓉賦 以水蓮已盡木蓮開爲韻

霜花著地飛不起畫闌九月涼如水一枝紅豔殿秋芳不逐繁華鬪桃李瘦影娟娟臨風悄然梧桐徑畔薜荔牆邊映日愈媚經霜益妍比晚節於金菊錫嘉名以木蓮當夫曉露如珠朝霞似綺瑣窗半開瓊樹雙倚妬寶帳之玉人醉霓裳之妃子盈盈而相對無

言脉脉而含情未已又若深院香霏疏籬風緊花夢方酣夕陽將盡製裳而纖手偏寒照鏡而殘妝自哂冷絶豔於江濱落寒英於石筍感秋去兮雕闌訝春回兮金谷和煙兮綠葉半林近水兮紅雲一簇銅瓶供兮弄妍羅袖搴兮散馥苑同太液之風光詎豔平原之花木遂乃寄興跌宕含情邈綿招曼卿之仙侶歌庸樂之新篇歌曰房櫳秋寂寞一笑晚風前何必凌波去雙鬟唱采蓮又歌曰萬紫千紅次第開年年春信暗相催美人獨抱淩霜操翠袖天寒入夢來

餞春賦 以未到曉鐘猶是春爲韻

送桃客去渺矣波痕折柳人歸黯然花氣乃揖東皇招香尉看幾處銷魂芳草南浦重來且今朝沉醉東風夕陽尚未方其柳眼舒青梅裳曳縞疊鷺燕子之成信喜蜂媒之報草綠侵簾花香壓帽忽聽碧桃枝上杜宇催歸無端赤玉闌前楊花飛到客夢驚回春

光去了愁看胡蝶噙香怕聽流鶯喚曉山斸翠兮眉顰花墮紅兮魂消此後相思兩地空憐雲樹依依勸君更盡一樽莫悵關河渺渺琥珀斟濃千鍾百鍾設柳邊之祖帳送天外之行蹤恨者番綠葉成陰三月江頭歸棹問後約白雲何處一聲花外疏鐘時則梁苑才人淒涼遠浦烏衣公子惆悵芳洲倒金罇而眷戀擘桂檝以夷猶杜司勳刻意傷春孤眠琴尾江大令多情賦別頻夢刀頭別有解珮漢皐贈瑲洛水觴飛金谷之園絮落長干之里爲問海棠花下睡醒未曾可憐楊柳枝頭別離如是僕也江湖作客歲月依人埋愁無地好夢成塵悵流光兮冉冉傾濁酒兮頻頻我醉欲眠去萬綠叢中餞夏重逢何日待百花頭上迎春

雁陣賦 以秋風絕塞來鴻雁爲韻

陣雲天末雁影樓頭乍流音於蓼岸又結隊於蘋洲嘹唳而驚回午夢平安而慣遞庚郵曾經字寫一行布出青天之紙又見圖成

八陣帶來玉塞之秋時則煙沈岸柳霜肅江楓寒鴉繞樹秋隼排
空歸燕方翔於雲表賓鴻乍至乎江東依稀鐃吹音流度重關之
明月彷彿將軍飛下乘萬里之長風則見天際翺翔林邊明滅非
鷺序之環分非鷁班之對列白羽一麾秋雲四裂可是行排征雁
號令方新恍看勢走長蛇飛鳴不絕陣布堂堂雁飛隊隊影列縱
橫勢分向背順風而如助師行噪月而無憂宵潰衆殊烏合奮健
翮以摩空肅比鷹揚帶驚沙而入塞乍聞水渙暫見山隈形成魚
麗夢醒龍堆星夜而征書飛遞霜晨而畫角頻催被練之衆三千
衡陽聲斷背嵬之軍八百漠北飛來則有羈人遼左少婦吳宮離
愁終古好夢誰同悵從軍兮渺渺憐征戍兮忽忽蘇屬國繫帛傳
書心傷旅雁竇若蘭迴文織錦目送飛鴻彼夫鶴陣則雪冷芳塘
鴉陣則天寒翠澗鶴陣警秋露之珠燕陣啄春花之瓣而是雁也
亦復高逐溟鵬俯窺離鷃不必六韜三略氣吞天半之虹自成五

花八門隊列雲中之雁

秋聲賦 以一葉落而天下知秋爲韻

客夢驚秋商聲入律木葉蕭蕭金飈瑟瑟壁冷啼螿燈寒吟蟀鄉書寄到樓頭之燕語雙雙淸淚聞餘天上之鶴聲一一悲哉秋之爲聲也初入戶以淒淒旋排空而獵獵如幽壑之鳴泉如長風之送楫狂嘯登樓浩歌彈鋏一般秋思都歸江上之殘碪萬種秋心同聽牀頭之落葉則若班令蘭臺庾生蓮幕禁漏深沉閒庭寂寞秋淸座上之箏秋冷深宵之柝碧天如水聽玉笛以含愁明月前身彈靑琴而欲落至若覊人海曲游子天涯寒檠獨對浮梗頻移聲淸鐘兮半夜倚柔艣兮一枝愁聞零雨之鈴歲云秋矣夢醒搗衣之杵室是遠而別有受降城外回樂峯前從軍萬里帶甲頻年刁斗則五更未已琵琶則一曲堪憐秋思誰家和哀笳兮絕塞寒衣未到悵畫角於遙天更有繡閣妝殘綠窗香燼紈扇曾題廻文

獨寫漏驚午夜銅龍響和丁當鐵馬對天孫兮獨處織錦閨中悵蕭史兮不歸吹簫月下伊秋聲之可感合萬籟而皆悲山容助其慘淡泉韻益其悽洏潘岳二毛之賦杜陵八月之詩最憐謝傅中年託琴箏而難遣劇惜長卿多病臥風雨兮誰知然而年華易逝歲月如流天無心以成化人何事而懷愁僕也種花餘忿飲酒消憂乘興揮毫繼歐陽而作賦聞聲起舞異宋玉之悲秋

月中桂賦 以影拂羣木香滿一輪爲韻

金粟香濃銀河秋冷人在瑤臺花霏仙境謝下土之羣芳占清光兮萬頃搔首向青天而問月儼前身託根在碧落之間花還弄影爾其金波皎潔玉宇迢遙城開不夜人坐深宵涵寶光於一鑑話仙樹於三霄何人栽上界之榆晴暉歷歷有客賦廣寒之桂元著超超婆娑樹影點綴天文稟太陰之清氣吐仙窟之奇芬消受幾升碧露映來萬朶黃雲七寶裝成窺鏡而蟾蜍助采一枝許借尋

巢而鸞鵲成羣月色弄妍天香流馥種近薇垣飄來柳谷淡秋水
之一痕散黃金而十斛時逢朔旦枝定亞乎扶桑倘過歲星躔或
應乎析木於是歌翻白雪杵搗元霜倩雙成而擫管邀王母以舉
觴賀題詩之長吉謝倚樹之吳剛迴非塵海繁華吟成蕊榜但覺
天花亂落舞罷霓裳秋色娟娟而杵靜仙風拂拂而衣香種自何
年花開無算影皎皎兮一輪芳菲菲兮四散蟠桃之實何遲靈椿
之年猶短挂一天之星斗瓊宇澄清隂大地之山河金甌圓滿彼
夫奇傳應候之蓂異說彈棋之橘芝偶餌而登仙桐已焦而入律
孰若此獨禀奇芳直超凡質月華秋迴紅塵而照徧三千桂影雲
深銀䆗而香分第一良由禀神奇於造化妙培植於洪鈞徧八埏
而有耀亦萬古而長春士也沈酣香國跌宕吟身種夙世之靈根
前生金粟成新歌於水調此夜冰輪

團扇家家畫放翁賦 以春在先生杖屨中爲韻　十六歲作

吳淞別夢劍閣詩人春風識面秋水傳神一幅丹青繪游仙之浪
迹六朝金粉留遷客之吟身也曾樹伴梅花無言益淡最好扇攜
月樣著手成春始其悵望天涯蕭條宦海風月情多星霜景改塵
緣悟澈無非絮果蘭因佳句吟成翻訝鏤金錯采結名流於南宋
幻境曾遊訪近事於東吳伊人宛在有客翩翩飄然欲仙畫宜雲
託扇若月圓如此清癯故國煙霞之侶不堪持贈仙人詩酒之緣
本來色相都空神遊象外果否鬢眉畢肖意在筆先蕭然一夢萬
慮俱清描摹曲折點綴分明買將趙氏之絲還留仙骨譜出班姬
之怨無限秋情到處爲家合受香花供養忽逢故我還疑斷梗平
生則有芸館留題蘭閨清賞文字奇緣神仙幻想自饒品格添粉
頰於長康不學風流染纖眉於張敞想到前身明月影共金杯描
成眞面廬山手持玉杖半幅摹神幾回彈指筆墨閒情煙雲滿紙
自成圖畫曾來柳樹陰中也有人家不是桃花源裏儘許圓成夢

幻十二瓊樓何須占盡繁華三千珠履然而浮生飛絮旅迹飄蓬
讕騷宦况寥落詩翁紈扇則徒聞宮怨妙畫則未補天工多買燕
支莫譜靑溪春雨頻驚蝶夢空留黃葉秋風請看一樣團欒想像
廣寒之界留得萬家供奉傳留阿堵之中

復庵遺集卷十六

復庵遺集卷十七

無錫 許珏

詩一

讀文信國正氣歌 壬戌

痛哭拘幽操悲歌易水風血飛墨池碧字吐劍光紅忠節古今絕文章天地空西臺竹如意秋晚泣梧宮

荔江晚眺

歸雲度遠陌夕照映池塘野鴨破萍綠亂蛙鳴稻香心隨流水遠人立晚風涼明月忽東上悄然思故鄉

蓉湖櫂歌

五里綺街柳色鮮桃花釀作暮春天踏青歸去游人倦共立斜陽喚渡船

紅蓼花疏菱芡長西風吹動片帆揚清溪只許梁家占秋柳陰中

話孟光

閔港晚泊

西風短櫂宿蘆汀客夢勞勞未易醒一醉儘人呼李白扁舟何處訪樵青（時東漁舟西上）雲山縹緲今重見鼓角蒼涼已慣聽倦倚蓬窗看秋色夜深漁火兩三星

述夢

亂離骨肉又相親小別重逢也愴神阿弟牽衣勸卮酒老親攜手惜征塵略談家事憐游子漫疊詩箋送比鄰推枕忽驚篷底月可憐還是未歸人

夜過小東亭書感

櫓聲柔共角聲哀百里空江半夜回帆影竟從天上落孤身又到賊中來金魚誰綰封侯印銅馬原無大將才歎息鶯花成幻夢空餘殘月鎖樓臺

漢口晚泊

十載江南作戰場蠡湖煙月正飛觴萬家燈火喧宵市一曲琵琶鬭豔妝綺夢醒來春旖旎笳聲吹徹月蒼涼只憐騾馬分香後人面桃花易斷腸

閏中秋叔彝師招同張孫鄂祝謙之錢華甫暨谷生集敬樂堂即席聯句

愛月愛中秋恰喜歲逢閏叔彝招要紮酒徒轉戰紛詩陣華甫中庭桂已殘北海樽初進靜山談讌正從容知己心相印谷生才筆推應劉酒國尊齊晉孫鄂往事溯從頭佳節經一瞬謙之蓂莢算無差梧葉又傳信叔彝醉鄉天地寬海國干城峻華甫雲煙嗟變易戎馬苦蹂躪靜山海上羽書遲鄉關金鼓震谷生漢劫昆明灰楚炬咸陽燼孫鄂飽照期遠來李廣方雄鎮謙之且解杜陵愁重向姮娥認叔彝雲開莽莽懷霜老絲絲鬢華甫人生隙過駒世態

樓幻蜃靜山終軍請纓年要借長風趁谷生嗟予尙淪落風阻鴻
毛順孫鄂世事須達觀吟興酒能引謙之情同鄂渚游氣讓張郞
僅叔彝文章華國材旗鼓騷壇振華甫風流王謝家賓從鄒枚雋
靜山願月常團圞喜佐高堂餕谷生枯菀有定數莫向君平訊孫
鄂何時探廣寒共騁雲逵迅謙之

客有以水蜜桃餉者凄然成詠

我生四五歲阿爺賈遠方一朝寄書歸纍纍桃一筐袖書未解誦
見桃爭取嘗飽啖一二顆口角流瓊漿阿姊攜桃榼阿弟牽我裳
同行入寢門跪拜奉高堂阿母顧兒笑呼兒近身傍兒能讀父書
此桃給愼郞予小字謹如阿母命跪誦聲琅琅頗解書中義似言苦
風霜阿母顧兒喜嘖嘖誇兒強廿年一瞬息兒身如父長兒身已
無父見桃心暗傷哀毀我何敢母齡永無疆駐顏此丹液懷哉綏

題江伊人丈夢華廬印藁

商盤周鼓無人寫菭花蝕盡秦時瓦李斯一去三千春後來繆篆空紛綸伊人家在粗山足金石文章奪山綠蟲書鳥跡光陸離毛錐琢盡荊臺璞夢中彩筆花怒生瘦硬忽作玻璃聲只憐絕學無人問空與屠沽記姓名還君一編重歎息丹黃滿眼宜珍惜丈夫得志會有時須鑿燕然山上石

追悼周飛卿

百萬金錢許買鄰生來香火結緣深曾呼李嶠眞才子戲說留侯似婦人異姓如君同骨肉多情憐我慣風塵而今再到黃壚畔腸斷當時漉酒巾

雜感

十年苦征戰故里今淸夷雖云今淸夷世事未可知孤城僅斗大賊散人民稀狐狸當路立叢薄鼪鼯啼藜藿不可飽安問子與妻

道旁陳死人啖之甘如飴官軍披鮮裘怒馬風前嘶晨出東郭門古墓沒荒草白楊枯無枝牧豎緣其杪殘碑臥路旁上有牛羊道淒淒寒食雨淍花發葯窕河淸不可俟因之心如擣

甲子生朝

桑弧蓬矢男兒志臣朔今年二十二一椽破屋一囊琴丈夫生世成何事少年意氣誤雕蟲六龍蜿蜒浮雲中春雷不鳴臥空壑西風江上飄秋蓬飄蓬歲歲心自傷化身太白何渺茫繡衣文祿紅羅襦啞啞指點瓊瑤章（遇歲時家慈指示屏間字頗能不忘）一時石麟譽清絕藍田之玉生輝光滄桑人事雲煙易王生可惜頭顱黑十載江湖作戰場飢來猶抱毛錐泣酒酣欲起挽天河乘風洗盡鯨鯢波吁嗟乎乘風洗盡鯨鯢波男兒壯志空蹉跎功成長揖謝多士歸去請從赤松子

哭伯姊

竟撇紅塵撒手行傷心讖語霎時成（姊屢有厭棄紅塵語）無多骨肉難爲別
有限年華了此生殘月半窗泉路杳秋墳三尺旅魂驚夢回第一
淒涼處夜半孤雛索母聲
七齡學繡解承歡弟妹相依問燠寒飲食竟同慈母教平生不作
女兒看從前祗解追隨樂此後方知補報難一卷金經親自寫烏
絲濕透淚闌干
盡室流離已四年團圞眞箇勝神仙偶談瑣事閑鑪坐爲戀萱親
傍榻眠藥餌頻煩中夜侍形骸久動老人憐（母病時姊已瘠甚）可緣罔極
恩難答代把微軀赴九泉
悔煞當時少主張庸醫誤爾竟身亡（姊病霍亂脈伏醫某必欲脈見方肯進藥遂至不救）遶
牀空費吞聲泣入地誰投續命湯除卻夢魂難再面更無笑語到
高堂他生漫祝爲兄弟畢竟他生已渺茫

後蘋花社卽事分韵得後字

蘋花吹聚秋風後萬里江山一樽酒淪落天涯又幾人人生會合良非偶昔年絳帳聞笙歌瑯琊夙號扶輪手避兵名士過江來長揖鄒生召枚叟騷壇旗鼓振東海墨花飛舞龍蛇走桃源春色醉羣仙當時此樂亦僅有飄零蓬梗各東西滄江一臥三年久羈客難銘翰墨勳先生重綰銀黃綬蒼苔窮巷閉重門玉笛何人奏楊柳太原公子人中英更開蓮社虹江右雲門雅集繼蘭亭狂歌再擊相如缶仙人海上騎鯨來杯酒勸君爲君壽東南近今息烽燧努力韶華勿虛負浮蘋聚散安可常請君盡此綠玉斗

旅感

寂寂江頭倚釣竿西風吹夢不勝寒身緣愁病悲秋易眼爲孤高入世難把酒且邀山月醉眠琴自樂水雲寬芙蓉十里煙波穩如此家山畫裏看

題髮雲女史柳陰垂釣圖代

東風拂拂羅裳冷碧痕十幅春波靜池塘花落鳥無言游魚銜柱垂楊影美人含笑倚闌干玉纖徐拂珊瑚竿武陵仙子渺何許柳煙陣陣催輕寒

題梅花風雪卷子

烽火苦未息海天又遠行一尊風雪夜尺幅別離情圖畫人何在江山今太平淒涼展遺墨宿草已叢生

天地浮漚耳吾生亦有涯此身異金石餘事況才華珍重披殘稿清新亦作家捲圖成一笑且與種梅花

謁范文正公祠

貧儒困草布彎彎不可居所見祇利名得志將何如人生髮未燥入塾誦詩書道通天地人識豈囿一隅舉世病飢溺拯之在吾徒偉哉文正公志量世所無伏處懷廟堂宦達憂江湖立朝三十年寒素如其初祿入贍同宗身外無贏餘世儒不自奮觀之徒嗟吁

我來謁公祠再拜立斯須願言式高風永爲學士模

擬張若虛春江花月夜

春江灩灩波如鏡春月溶溶弄清影江行萬里月一輪隨潮瀉漾渾無定春江東來月向西月華照徧花枝低有花堪折趁春折莫待春殘花落時花枝何處最堪憶三月江南身作客二八盈盈樓上姝幾回相見不相識相逢不識亦何爲不如明月伴空閨玉鏡臺前相愛惜擣衣碪上共徘徊徘徊且擊江頭檝一種芳心遣誰說江水悠悠愁不勝江雲渺渺情何極愁無極矣可奈何古來明月比今多古人不及見今月長江浩蕩空生波明珠一斛速將去聘取娉婷教歌舞夜夜傳來玉樹聲朝朝拍徧霓裳譜春江水碧春月圓美人相並倚瓊軒從前明月空帳望今夜花枝相抱眠窮奢極欲非得已人生富貴行樂耳除卻人間花月緣古今萬事東流水

奮山樓即席分詠得蠶豆

二月蠶豆華三月蠶豆實纖綠不盈指來佐盃中物下箸若不勝
入口疑無質嘗新味自佳數典意轉拙斯豆以蠶名我欲徵其說
或言豆花紫頗類蠶眉色或云豆眼黑有似蠶背跡而我未敢信
戲語請陳臆五穀菽居次功與稻粱匹豇豌種雖繁斯豆最先出
當其薦新候蠶事正未畢因時以畀名索解本易得不然巧傅會
農桑理原一以彼衣被功況茲療飢力達人觀物悟生世貴自立
名花與嘉果朱碧筵前列侑酒非不佳實用恐未適古稱經濟才
菽粟相彷彿無之天下飢有之萬民益諸公航航姿霖雨爲時傑
坐中我最少頭顱亦三十是會歲壬申三月廿五日

擬皮襲美初夏游楞伽精舍用元韵

挈伴尋餘春迤邐出西郭濃陰夾道旁天宇喜清廓心既忘時榮
身不任民瘼飄如不繫舟隨處皆可泊前望楞伽山巉巖何砦崿

掩映見金碧中有陀羅閣高崖聳丹梯流泉挂珠箔塔鈴當風語
疑是鈞天樂道人導升堂幽境謝丹堊色障盡劉除慧海自不涸
階前鳥解歌潭底龍非惡世慮息榮枯塵心泯喜愕探幽上南山
險若來巴笮篠蘿手自攀苔壁滑難摸山果絢珊瑚巖花垂纓珞
遙遙太湖中諸峯淬霜鍔勝境不可窮萬象成輝爗山高雲氣濃
未覺夕陽落扶倦三尺筇踏破幾兩屩我來興適至我去心無著
相將復入寺斯須且酬酢人生一世閒天地爲席幕但期適性佳
不用私智鑿得志登廟堂退閒卧林壑造物聽自然于人無厚薄
試拈鏡裏花靜聽風前鐸花來鏡無心鐸言風不諾世人自悒悒
動云爲物蠚局促類轅駒毋乃識未博自從漢代來道衰釋氏作
以彼清淨理思欲解塵縛雖足砭富貴未免苦寂寞我心自超然
聖賢相與度毋固亦毋必斯言守最恪何取泡幻詞儒釋徒參錯
即鏡無不佳隨地皆可托翩然歸去來一嘯驚山鶴

擬韓昌黎薦士

泰山不讓塵河海不擇流貫輸納百川突兀臨九州相臣坐廟堂衆材亦兼收芻蕘皆可採菅蒯且見求國家際重熙萬物俱優游潤色儼無人何以揚鴻休我讀雅頌詞敦厚而溫柔和聲徧四國麗藻垂千秋五言昉蘇李建安推曹劉自從晉以還六代皆俳優春華遺秋實剽竊徒貽羞聖朝蔚人文將相夔龍儔中興大雅才李杜居其尤繼此亦有作藝苑恣冥搜吾友曰孟郊十載相唱酬偉詞戛金石風骨何清遒筆端若有神勢欲淩滄洲近邁盧駱儔遠與屈宋侔惜哉宦不達匡廬徒藏修不令歌昇平翻使嗟窮愁捧檄走江南宦海悲沉浮枳棘困鸞鳳鹽車縶驊騮明珠與蒼璧按劍遭暗投負此華國才不能爲身謀冉冉老將至忉忉我心憂五十得一尉白髮漸盈頭縱不卑小官歲月苦難留緬思古之人公旦佐宗周一沐三握髮棫樸歌薪槱祁奚晉大夫所舉不棄仇

胥臣覯郤缺一旦起田疇豈慕下士名賢路固共由高風孰可繼

毋乃在君侯選人循資格才士每滯幽望公一援手勿使棄遐陬

得人貢朝庭寶貴逾共球下以宏相業上以宣皇猷明堂奏雅頌

皇華備諮諏僕竊舉所知此語非悠悠爲公賦緇衣作詩致綢繆

擬李翰林塞下曲三首

未洗銀河甲防秋萬里營羽書馳瀚海獵火照長城胡騎無南牧

元戎出北平燕支山下路鼙鼓動邊聲

月黑盤雕地風高射虎天短衣荒塞外匹馬亂雲邊羌笛聞新曲

鄉書到隔年何當奏鐃唱歸去畫淩煙

十載覓封侯將軍已白頭踏殘葱嶺雪望斷玉關秋曙色寒笳吹

霜花拂劍鈎閨中有少婦昨夜夢涼州

詠錫金古跡五首

馬鬣皇山百尺崇東南禮樂起吳宮去留默定姬宗局文采先開

言子風百代衣冠化蠻越六朝禪讓戲兒童相隣祇有延陵廟歲歲官家祭祀同泰伯墓

五洞橋邊泛櫂行岸花搖動綠波平先生不肯因人熱此水眞如高士淸放眼浮雲空俗戀盪胸明月浣詩情漁娃盡道梁溪住漫說當年變姓名梁鴻溪

宋家三百年天下靑史何人第一流已敗殘棋身屢著獨支大厦願難酬抗章未遂姚崇約請劍誰誅張禹頭恨殺西湖好風月荊襄淮甸總空謀李忠定公祠

雪浪峯高倚水濱風流曾住舊詞臣下帷披盡三千牘上殿爭看第一人虀粥不忘天下志鶯花猶及故山春科名祇是尋常事丰采遐誰繼後塵蔣子讀書閣

詔書一夕下三吳湘水寃沈楚大夫天意斯文屬南國人驚黨禍起東都茄花滿地生何益李杜齊名死不孤此日瓣香祠下拜欲

憑忠信薦潢汙 高公止水

冬日田園雜興

稼穡既已畢歲寒返吾廬南榮負朝暄抱膝讀我書開編輒狂喜俯仰天地初十二萬年中歲月何忽諸人生一瞬耳胡為不自娛左披百代書右攬萬里圖斗室非云寬萬象羅庭隅門前一頃田種桑復種蔬躬耕衣食足陶然樂有餘

昔年苦兵革荒村無人煙今年喜豐稔有穀不值錢東鄰八十翁嚴冬袴無棉朔風豈不寒穀賤亦可憐縣官急催科租稅莫遷延豪吏下鄉來雞犬夜不眠田荒今幸熟不如本無田溫語慰老翁豐歉且隨緣曝背勝披裘努力期來年

洗兵馬

天生五材必並用治世原不廢甲兵樓威遠播海內靜往往脫劍歌昇平少陵昔賦洗兵馬偉詞揚厲唐中興以今絜古豈多讓拯

民水火奇功成自從妖燦照嶺嶠吳楚千里無堅城十年苦戰始得息長江蕩滌餘氛淸潢池盜弄時竊發大河南北仍連營捷書一夜報　天子六軍奏凱歸神京古來將相豈有種原缺四字爲時用向張忠節神鬼驚羅李威名山岳重僧藩報國出勛戚胡公知人由天縱兩江節相今汾陽　朝庭倚畀如梁棟左帥李帥各開府若論勛業相伯仲其餘鮑劉亦時傑血戰成功殺賊衆蕭條烽火經廿年海內車書復一統削平雖出羣臣力　廟謨指示多奇中樞廷方略本　先皇宵旰當年食不遑我　皇御極奉　懿訓繼志述事無敢康欃槍盡掃寰宇靖周道復興漢冉昌筐篚玉帛集殊域薄海萬國爭梯航島夷懾服入宿衞坐令兵氣銷重洋河淸海晏景星出劍戟俱化日月光　皇朝武功邁前古凱歌屢奏靖八荒太平何必廢武備嗚呼聖訓民毋忘

擬東坡饋歲別歲守歲三首用原韻

歲暮百室盈爲歡各相佐閉門憶親故入肆市百貨貧富稱有無
酬贈隨小大紛紛互往來風雪敢高臥僕人銜主命發笥陳滿座
感此心瞿然歲月驚旋磨薄宦苦匏繫一年忽經過故鄉不可歸

作詩聊自和饋歲

人生畏別離執手意遲遲何況與歲別一往那可追古人秉燭游
嘗慨生有涯去日良苦多行樂須及時翩翩美少年裘馬誇輕肥
流光倏彈指坐令老大悲主人莞爾笑酌酒前致辭努力盡一尊

兩鬢幸未衰別歲

平生喜吟咏下筆驚龍蛇今夕祭詩篇燭影當窗遮韶華不可駐
漏盡將如何家人坐待旦笑語正喧譁曉鐘猶未動更鼓暫緩撾
千金爭一刻斗柄驚西斜來年亦易盡愼勿空蹉跎勉旃惜寸陰

少壯尙堪誇守歲

讀史二首

三年立庭呼不已誓報父仇雪國恥能雪國恥父不死吳王千古
奇男子晉元趙構棲江左瑟縮偷安無一可靑衣行酒伴不知大
漠梓宮歸未果南錢塘北金陵其中乃有姑蘇城二千餘年幾廢
興英風颯颯王如生

尹鐸爲晉陽主命墮其壘不墮而增之鐸乎意有在昭譬臣焉敢
思難君不殆彼陪隸耳猶知此謀國大臣乃反是柏梁災後建章
營趙鬼掉舌談西京土木之蠹何足云至尊昔日親蒙塵仍之猶
足儆子孫晏安酖毒生戎心吁嗟乎廟堂十載誰啟沃不及趙家
一尹鐸

復庵遺集卷十七

復庵遺集卷十八

無錫　許玨

詩二

清江道中丙子

靜居忽不樂攬轡出風塵生世逢明聖安閒愧此身請纓行有日
橐筆且依人四海男兒志馳驅豈爲貧
春宵苦不寐破曉上征車野曠天垂幕河乾地捲沙緋桃十數樹
綠柳兩三家何必江南好天涯攬物華

過舊黃河

大河北徙忽廿年昔日深谷今平田膏腴千里等甌脫黃塵莽莽
無炊煙我思神禹昔行水濬川距海澮距川蓄洩既爲旱潦備灌
輸亦令洪流宣東周一徙漢再徙黃流之患自此始歷唐宋明千
餘載補苴苟且徒爲爾　仁皇中葉屢告災翠華亦幸江南來口

講手畫示方略宣防既築民忘危黃淮合流歲五百河身日高流日塞物窮則變變則通天爲　聖清導使北頻聞吏議尙紛紛欲復南流息民力書生所見足可哂如瞽論棋昧黑白況今北流方順軌濟能受黃疾趨海長淮南北幸晏然及時稼穡利斯在古溝洫法難猝行但得其意足灌溉北引汶泗南引淮洪澤微山皆水櫃奈何當事惜不圖坐令沃壤成瘠區鳩形鵠面亦赤子忍使乞食臥路衢車中睹此長嗟吁中夕數起心踟躕作詩敢告良有司胡不乘時宏遠謨

早行有感

生年三十四未嘗離庭闈四年游虞山間月輒一歸我母生我晚拊我如嬰兒飲食必加詢冷暖爲護持一從出門來水陸疲奔馳水行畏風波陸行苦崎嶇夜半坐車轅冷露濕衣裾驅蹇入水中月黑流聲嘶深淺不可辨呼吸蹈危機日午行未息面汗皆塵緇

欲飲不得飲忍飢不言飢儻體慈親心見此將何如日暮暫解裝
挑燈作家書兒行皆坦途兒安母勿虞

陪穉璜宮保游千佛山賦呈

憂樂關天下登臨詎偶然不緣甘雨足肯到好峯巔選勝參千佛
聯吟集衆仙西園未許擬應並峴山傳
俯覽三齊勝蒼茫接海東屏藩中外倚關塞古今雄綠樹明斜照
黃河隱短篷憑闌一尊酒四座共清風

九月初六日發無錫 丁丑

家有七旬母身爲萬里行春暉原繫戀慈訓自分明養志不在近
懷安恐敗名棲鸞應擇木愼勿誤平生

漢陽別二弟

故國經年別他鄉十日留白雲江上櫂黃葉客中秋珍重加餐意
艱難負米游倚閭尤望汝莫久賦登樓

三月十七日清江曉發 戊寅

纔從巫峽放歸船又指桑乾著祖鞭翻借遠游娛愛日回思壯志
已中年榮枯俱幻何須問歲月如馳劇可憐攬鏡自看還自笑不
知何處有淩煙

車中偶成

踠地垂楊露未乾雞聲催曉上征鞍四時無復讀書樂萬里初知
行路難去冬自蜀病歸偶展箧編袪午夢頻沽村醖爲春寒倚閭不作尋
常望時檢縫衣子細看

戲題虹西紀夢

我昔少年時畧脫易濡筆喜爲側豔詞雲雨羌無實偶然感幻夢
游戲成翰墨篋笥閟自娛讌斩朋傳說詎圖夫己氏一見災梨刻
不脛走海內公卿動顏色閒情玷陶令往往代惋惜我笑謝故人
儇薄悔曩昔廣平賦梅花未礙心鐵石

晉陽試院偶成

兩年萬里逐風塵疾病飢寒閱歷新大澤蛟龍猶蟄谷空山猿鶴

竟通神漸除湖海不平氣頗惜乾坤有用身朝菌紛紛感榮落可

知世上有靈椿

人日登太原西城寄故鄉諸子 己卯

樓堞參差隱夕陽風雲四顧感蒼茫百年身世人傳幾萬里關山

足繭忙錐不處囊誰見末金如躍冶亦非祥五湖自有煙波好聽

唱滄浪意味長

汾州道中

刧後哀鴻瘖不鳴天涯極目淚縱橫山經積旱春無色河咽殘冰

夜有聲萬里輪蹄消白日幾人肝膽爲蒼生蹉跎未遂澄清志何

日馳驅報聖明

過韓侯嶺謁淮陰侯墓

萬里河山席捲收指揮大業定炎劉奇才卿不逢黃石疑獄吾難
恕鄭侯恩怨無端眞一夢頭顱如此亦千秋登臨欲證英雄抱彷
彿靈風起墓楸

晉中懷人詩

己卯仲春自晉入蜀山川形勝賢豪遺蹟溯風神往觸境感生
顧維樸陋重以荒落登高能賦愧不敏焉積旬以後忽忽不樂
私念詩以言志不文奚害今茲所經之祠墓里居皆吾平昔夢
寐懷思之人也不有所誌過焉亦忘爰取素日尤欽企者各繫
以詩明日將出晉境即以晉中所經者名曰晉中懷人詩不曰
懷古而曰懷人者我儀其人古今猶旦暮也亦差附於尙友之
義云爾詩凡六章祁大夫尹吉甫溫太眞藺相如裴晉國司馬
文正錄存二首

成康不復作姬祚嗟中衰宣王赫然興重見豐鎬規方召申甫儔

聯翩夾輔之尹侯最卓犖文武材兼資六月出戎車天戈清北陲皇靈始一振餘威及荊徐崧高烝民詩藹然謨誥遺言言根理窟讀之沁心脾乃知名世才胥由學問基中興誠多賢我以公爲師下車拂殘碑英靈尙鑒茲

右懷尹太師吉甫（平遙南門外百步有碑題曰周卿士尹吉甫墓）

鷙不棲枳棘磁不引曲針凡物感以類況於至人心偉哉祁大夫能以人事君親仇兩不避惟其材所任羊舌古遺直縲絏橫相侵倖臣欲市德堅拒闕何深我公翩然來片語豁塵冥豈惟道義孚忠愛由丹忱謀國必磐石信友必斷金千載挹高風執鞭吾所歆

右懷祁大夫奚（祁縣南七里榮仁村有祁奚墓）

華州道中寄范孟和

嗟我與君皆儒生船脣馬背三年程偃蹇萬里不得意未能投筆空遠行十月晤言不知樂一旬睽別難爲情臨歧贈語尤肫誠毋

爲人重爲己輕新詩咳唾珠玉成五十六字皆箴銘今我已度華
山陰憶君猶滯晉陽城通人言政務其大使者豈獨司文衡甄陶
人才培風化嗷鴻徧野尤所矜河東薦饑已四載赤地千里無人
耕荒煙宿莽纏白骨頹垣破瓦啼鼯猩或言官府給牛種吏役
蝕徒虛名寒儒治生更乏策救死奚暇絃歌聲吹毛索垢愼勿爾
量才玉尺務持平莫言雲水洗眼明要求心若瓊壺氷在山出山
泉無分灝瀚一氣同澄淸
車中和汪葆素送行詩卽寄
一年把酒明湖側一年瀹茗苕溪北一年驅車出雁門一年去作
錦江客四載迴環數萬里其間變巫返棹尤幻絕與君聯袂曾幾
時轉瞬匆匆又行役離筵惜別情何殷贈詩更極才人筆蟄龍起
蟄氣鬱蟠能寫傖夫面目出我生得天良獨偏癡情戇態故無匹
人間游戲盡作眞不善用巧善用拙晉陽燈市方喧闐珠玉驚嗟

委沙礫鏡中芙蓉空徘徊夢裏荼蘼最悽惻未知碧玉宛轉心可
聽生公廣長舌作詩訊君君莫嗤好憑青鳥殷勤說

題馬跑泉咸陽縣西二十五里

唐宗昔駐軍神驥蹴泉出渴吻快一時流惠永無竭土膏融四圍
良苗挺一尺涓涓注平疇百畝徧嘉澤道旁行路人駐足滌暑暍
適用不在大隨處可潤物平生浩蕩意對此心轉折

過馬嵬坡題二絕句

禍水何嘗是禁闈廣平已死曲江歸開元一樣承恩寵不怨當年
武惠妃

翠華不幸已蒙塵忍爲蛾眉更刼君卻怪杜陵詩史在桓桓把鉞
說將軍

自和尚原入大散關

峭峯插天起下視臨絕谷一徑窄如綫屈曲緣山麓蜿蜒不知高

返顧駭心目眼前堆白雲脚底響飛瀑與夫前致詞雲棧此發足

庚辰二月二十七日生朝述懷

三十七年過瞢騰巳半生近懷愛閒適往跡悔紛營兀兀祇謀祿嶢嶢空累名太虛本無物雲淨月初明

滄海浮家日江淮洗甲初漂搖凄風雨嗜好夙琴書絳帳開新墅黃樓夢故居廿年一瞬息厚意至今孤

海虞有豪士延我住園林插架富千載牽裾托寸心看山邀竹外滌暑醉桐陰愧少神仙骨紅塵忽地侵

本爲妻孥役翻云負米游庭闈貽遠志身世感虛舟鄉夢逾三載神區徧八州白雲江上望莫慰倚閭愁

歎息離羣久登高眺故園素心數秦范儒術重龔孫風義兼師友艱難當弟昆石交吾李子並世更誰論

喜把家書看芝蘭已茁芽二弟近已得子憶余初失怙賴弟早持家辛苦

十年客蹉跎兩鬢華楚吳歸棹近風便好乘槎
王霸蓬頭子居然舞勺年憨頑同我性愚魯得師賢爾戲重闈綵
吾揚絕徼鞭相貽無長物努力繼青氈

讀史三首

東漢重士節開之者子陵自不愛爵祿非爲薄其君宮廷一夕臥
天象動星辰軒冕竟何物未足當緇塵持此曠淡懷留滌萬世腥
至今桐江水徹底皆磷礀
吾自食吾力雖傭亦何恥但存不苟心爲往非君子孔張匡馬徒
儒術取青紫桓生稽古榮一語冷人齒鳳凰千仞翔斥鷃不敢視
滅竈而更炊此意童年始
魏不可爭鋒吳可以爲援寥寥草廬中決策盡數言古人審時勢
空論所勿陳後來六出師大義爲君臣一隅力有限千載志未伸
運會使之然企彼莘渭人

壬午元旦書懷

少壯不自立蹉跎及此辰那堪强仕歲猶是惰游身羈迹無龍蠖清時有鳳麟東歸吾計決藉慰倚閭親

江口口號

灘聲怒合雙流水樹影濃遮半壁山十里畫屏青不斷江城風景似鄉關

丙戌春隨使赴美洲過日本即席答岡鹿門千仞

邂逅來傾酒一巵與君同是未衰時澄清瀛海吾曹事莫爲風波惜遠離

題鄒壯節公遺像己丑

桑梓論人傑如公近代無氣凌霄漢上節炳日星俱風義追前哲艱難負壯圖東林遺緒在吾道未爲孤

倫敦使廨寄顧延卿即次其韻庚寅

長嘯思君獨倚樓暮雲千里隔寒流淮陰舊識無雙士海外重來
更九州槃敦幾家消畛域兵戈卅載泯恩仇浮槎自爲中原局詎
羡虛名定遠侯
賦呈南海張尚書時尚書謫戍新疆道過什貼戊戌
雷霆雨露總天恩萬里荷戈出玉門歲月久輕雙鬢雪　詔書但
感九重溫時艱未定身難退隣好能聯國自尊北徼勛名知有待
旌麾豈止鎮烏孫
己亥九月自晉入都山行連日感事述懷雜書所見得詩五章
戊春徂已秋屈指十九月幽并再往還四踏太行脊我非晉中宦
胡爲疲行役憶從海外歸誓言息游轍風塵方澒洞小儒弄筆舌
濫觴始江漢頹波及吳越悠悠我心痗褰裳適京國神州繁華地
避世非所宅束馬度井陘唐風號儉嗇庶幾受一廛於此黔其突
惜哉古風邈民俗已變易浩然思故鄉勵我固窮節

先民教稼穡粒食功配天麻桑及果蓏尚恐妨中田奈何罌粟花
栽植盈陌阡春晚夏初時紅白競絢妍農氓倖逸獲縣令貪稅錢
小利忘大害倏忽三十年猥云勝洋藥抵制策良便漏卮爾雖塞
種煬亦可憐司農議加徵舊禁悉棄捐大府嚴課最昔一今百千
遂令三晉壤十畝九種煙誰能澹此災世無曾與閻光緒丁丑戊寅間晉中大饑曾忠襄閻文介兩公合疏請禁栽罌粟一時毒卉删除過半迨庚寅歲戶部奏土藥為中國出產大宗請以徵為禁由是栽種日繁今視閻曾二公時增多不止十倍矣
朝登西山巔暮宿北山趾兩騾駝一輿蹀躞未百里犖确滿行徑
傾仄無夷軌危崖俯百仞去險不盈咫西北此通衢王路胡若是
我昔奉簡書隨軺使亞美東西萬里程車行四日耳昏曉無停輪
眠食兩不廢香花襲幬幕縹緗列案几主賓互舉觴笑語紛墜珥
中西等遠役苦樂難相擬安得鐵道成萬方平如砥
黃顓正名物創制過羲農唐虞煥文章官禮備姬公三統遞相嬗

救文當以忠宣尼不得位垂訓開羣蒙自從炎劉來一綫存儒宗
六籍道未熄百王斯折衷西士贍智藝縝思能博通聲光汽電術
往往奪化工若論政治原歐亞理頗同知人與安民不出吾書中
時賢喜標新瞽說生雺霿范公語橫渠子歸讀中庸興中覽近人著作盛言西藝之外西政宜學殊多耳食臆測扣槃捫燭之談

去年自晉來奉　詔趨明光歷歷四國情清問塵吾　皇奏對意
未盡草疏陳琅琅今年自晉來倦游懷舊鄉府公解組歸吾亦歌
滄浪未能及鋒試姑爲韞櫝藏晨興整巾櫛攬鏡嗟鬢霜不惜一
身瘁未覩六合康近畿盛鵝鸛頻海紛蜩螗天心預示警曰僭徵
恒暘昨聞降　綸音修省納諫章行見安攙謨赫然振天綱

喜晴 庚子

苦雨已旬日今晨始放晴天空雲淡蕩地坼潦縱橫戍卒荷戈送
征車結隊行鯨氛猶未息攬轡待澄清

鄭州車中

長安西望路漫漫雪虐風饕正據鞍障眼黃塵能蔽日驚心紫海未迴瀾磨崖待勒中興頌仗節誰登上將壇此際皇華眞重任班超再出玉門關

癸卯冬至海外設祭愴然感賦示同范同華兩兒念曾孫

不見慈親十五年追思失怙更潸然顯揚最重承先志敢恃浮榮慰九泉

椎牛原不及雞豚風雪天寒憶墓門何况客槎三萬里几筵空對酒盈尊

志潔行芳季女飢傷心堂上食貧時棲棬勿忘當年意兩字固窮百世基

兒孫隨我捧壺觴豈獨音容臨上旁彷彿義方如往日勉持使節報吾皇

和孫慕韓星使 二首錄一 甲辰六月

未從毁壘學庚桑咫見深知愧大方忠信何須花粲舌艱危空有鐵爲腸劇憐鷸蚌漁人利 日俄兵爭英最心喜 終惜鯨鯢戰血黃一念好生消浩劫中朝 聖主正當陽

乙巳元旦立春書懷用韓魏公集中至和乙未元日立春韻

海外東風又報春最難令節値元辰乘槎漢使經三載舞羽堯階過七旬 東鄰交鬨我國恪守中立已一年矣 革舊盡除殘臘景履端共慶太平人試賡書錦堂中句八百年來韻更新

丙午二月二十七日舟經南洋將抵新加坡寄示范兒

候紀靑陽半槎行赤道平觚稜懷北闕風土問南瀛康濟存虛願劬勞愧令名征途書寄汝辛苦念家聲

有懷 己酉

樓閣參差倚夕曛畫船排列繫江濆檣蒲百萬豪猶昔不見當年

運甓人

庚戌五月之望泛舟珠江與同人爲消夏第一集卽景書懷

皓月照太空浮雲絶纖翳宛如至人心昭曠無物蔽翛然寰宇中俯仰得眞契珠江古名勝長夏景尤麗別去已七年重來倏踰歲得從勝侶游未覺韶光逝傾談寫性情銜杯樂身世投老志未怯經變氣彌厲龍戰悟易數鷹揚隨時勢一笑謝君平拄笏看天際

乙卯六月十八日伯升邀游水居明日賦詩四章見示余久疎吟咏勉成一律

萬頃湖光漾碧漪片帆天際共雲遲盡收好景歸詩卷已少豪情付酒卮（近戒酒已三月）松菊猶思三徑益（去年六月題高子松菊猶存圖幷考定繪圖年月）金蘭何止百年期（高子水居獨坐詩百年天地有金蘭）洗心藏密吾曹事剝復循環理可知

復庵遺集卷十八

無錫 許珏

書札一

上丁稚璜宮保 戊寅

七月初六日在忻州行次接奉六月初五日諭函猥以駑劣渥荷注存祇誦之餘感愧無似珏四月初道經濟南晤雲閣觀察叩悉節鉞入川之後竭誠為國夙夜不遑剔弊釐奸事幾至蹟先勞之雅有過曩時正深懸系竊念我公天賦精力雖什伯常人然憂民之心過殷即衛生之術不足方今天下豪傑祇有數人大賢之精神動關朝廷之元氣芹曝之忱無可為獻總望為國節勞隨時珍攝古人勞於求才而逸於任賢季懷已到蜀一切想可分勞也珏去秋子身西行未攜僕從行役既瘁內顧又憂日月淹遲積成心疾自維入川始願原欲磨練才識非為奔馳利名若以無用之病

軀貽憂長者心亦未安因而決意返棹旣抵宜昌無可駐足遂順流而歸新春至家見老母無恙疾始霍然本擬里居授徒藉娛愛日而因頻年膏秣之費幾無以爲菽水之供家食旣難飢驅又出慈命敦迫復有晉陽之役二月杪發無錫五月初抵大同奔走閱四時回環逾萬里總緣驛馬臨於磨蝎以致中道有此變端方愧圖報之未能豈意手函之下逮書中憫晉省之奇荒慮學幕之淸苦厚意惓惓溢於言詞自顧何人過承垂愛竊維古之君子擇地而蹈莫不欲得大賢爲依歸而所遇恒難珏則旣遇而不獲相從前歲遄歸去年中返豈亦有數存乎其間耶抑離合自有時尙需遲以歲月耶西望仁暉曷勝延跂晉省致災之由病在數年來官吏相蒙以匿荒爲積習卽如目前河東州縣大憲擬請緩徵而官場尙有以便宜百姓爲言者似此肺肝令人髮指罌粟雖經嚴禁仍爲具文自大同南至省城沿路所見膏腴之地徧栽此毒人之

物訊之士人皆云官吏許民種植但令少種路旁多種僻地而已大抵祇禁種煙不禁吸煙舍田畝之入勢必購異域之產愚民既未肯舍此重利劣員又落得享其陋規竊謂禁種煙必兼禁吸煙一時不能禁民間吸煙且先申明舊例禁官員士子吸煙而欲斷內地罌粟之根必先停海關洋藥之稅庶爲拔本塞源之計鴉片流毒已七八十年內地種植垂三十年物理既窮天心示儆山右所植尤繁凶荒於此而始就天時人事而論今日實禁煙一大機會比來言路陳奏不乏嘉謨而此議殊未之及玨自入晉境目擊心傷前日發憤擬一疏稿內有一條及此摘錄呈覽書生迂見倘乞俯賜訓誨爲禱

上座師許星叔先生丙戌

自抵美洲每念惓惓培植之意思欲探討得失以冀稍裨時局而言語不通文字殊製著中間有譯述又皆瑣屑末務無關體要邇

來寓居日久熟悉此邦情形察其實有裨於中國而目前措置似未合宜者二端敬爲吾師陳之使臣秉節出疆原以申固盟約聯絡邦交爲第一義方今法踞越南英取緬甸昔年所謂七萬里外之海國今日已成犬牙相錯之鄰封疆埸之釁不可豫知一旦稍有違言瀕距京師八千餘里粵亦六七千里內地調度既苦鞭長莫及而一切攻守器械向之購辦於外洋者屆時或且詭託公法自居局外形格勢禁使我束手坐困縱或幸而相助而歐洲之人機械百出亦無異於拒虎進狼則擇交之道不可不審也竊觀美國人情樸厚政事修明其山川清淑氣候溫和頗類中華雖其種族初亦來自歐洲而頗不以歐人之機詐爲然觀其與中國初定條約第一款卽云他國有何不公輕藐之事一經知照必須相助從中善爲調處是其深知歐人之不公及不肯輕藐中國之意隱露言外上年法事之起招商局售與旗昌及事平贖回並無阻難

相助之效已有明證且聞當時美國材勇之士激於公憤願至中國投效者頗不乏人前總統格蘭忒之子亦在其中阻於外部之議而止事雖未行而人情之向背亦已可知然則中國今日欲締外交固未有善於美者也所惜十餘年來出使之員絕無閎識遠略籌慮及此悠悠泛泛瑣瑣屑屑僅知辦理華傭一事而所事亦未實心辦妥遂大啟外人輕藐之端然及今改絃更張猶未晚也珏去冬道出津門謁見北洋大臣議論之間頗有重歐輕美之意竊謂論異邦文物之盛則美不如歐論外人篤厚之忱則歐不如美今日第言外交要當取其緩急足恃者其文物之聲明尚非所先也誠令此後奉使之臣能得忠信知大體者以締交於外而總署之待美使於一體款接之中略示彼此倚依之意則今日未雨之綢繆皆異時相需之指臂也此有裨於中國之一端也至於華傭一事珏未至外國之先疑若水深火熱非亟籌保衛之宜不可

及到此目察情形而知所以滋釁者咎不在美人而在華人不在華民而在華官蓋華傭之來美國時閱三十年人近二十萬頃以埃黨嫉害積不相安中外新聞報又從而張大其詞內地之人聞之咸懷不平或籌捐設兵輪或議駐師保護實則此紛紛者皆非探本之論也何以言之粵人嗜利忘生即在內地亦自成一種風氣方其初至外洋美人喜其工勤值賤專務招徠迨儔集既多良莠不齊作奸犯科時所不免外人始稍稍厭之而埃黨之入籍於此者三十倍於華人咸資工作以爲生乘機搆難美人保護之不能約束之不能始請中國設領事以自治之乃設官矣而中國之官不籌保護約束如故也其搆釁亦如故也於是向之願其來者且求其去而不得因設十年之約以限止之然猶僅限華工不限華商而此後凡來美者雖工皆托言商日多一日卒致上年焚劫之案外人限止之術又窮始議資遣回華又以礙於與各國一體

輕生華官復顧小而忘大外人齒冷輕藐日生使事變時不問可
於我既須未形之患且使外人之心令計不出此華民既重利而
崇國體俾外國之新例雖設而無用如此則同一限止其權操之
在外埠亦宜勸其蓄有資產者早日回華下以愛惜民生上以尊
明諭沿海居民毋輕趨利以蹈不測多方設法留止其行使臣之
地務本業者日寡輕重之際貴有權衡竊謂粵中大吏宜乘此時
粵人散而之外洋者殆不止一二百萬人航海遂未者日多則內
利之人冀其將來長久相安此必無之事也數十年來海禁大開
與華人生計無妨尚時有意外戕殺之事而欲以數十萬與人爭
道也平心論之竊不謂然今洋人之在中國一埠不過數百人且
之論者輒曰美律寬縱無以懲將來也新例苛刻非相待最優之
如此要之外人之意無他一言以蔽之曰冀其不來生事而已今
均霑利益之條不得不增設新例以限止之綜計華傭在美始末

知推原其故總由十數年來使臣皆係粤產狃於咫尺之見但爲一隅之民開方便之門不爲中外大局籌久遠之畧此誠亟宜變計者也領事之設本以保護斯民今絕不籌所以保護約束之宜甚者又從而取利焉有事之日無益於民無事之日則有損於民反不如洋員之相助爲理者實心任事緩急之際尙得其力故今日各埠領事不獨洋人輕之卽華民亦未嘗重之其弊由於以粤人治粤民而其人又未曾膺民社半皆閭巷駔儈之流宜其無益而有損也竊念國家現當帑項支絀之時歲糜鉅費遣使外洋奏調人員悉如所請不從中制而究其效驗乃僅如此又安得不思所以救其失乎救之之道奈何曰援遣使歐洲之例此後使臣勿專用粤人援內地用稅務司之例專任洋員以保護華民而已

與宗湘文

此間人情樸厚政事修明良由草昧初開眞氣未鑿如舉其粗跡

則出使泰西初記環游地球等書亦頗能道其彷彿無庸贅述若
探原立論則此邦自華盛頓以遜讓開國風氣所漸蒸蒸日上譬
諸中國方在唐虞以後殷周以前論目前邦交大計不獨宋明以
來攘夷之論無所施即漢唐馭夷之術亦無所用惟有力求三代
盛王之用心自治治人方不落人後著中庸九經以修身尊賢爲
始事以柔遠人懷諸侯爲終事此今日對病之藥若不此之務第
規規於槍礮機器之長電光化重等學恐用力愈多收效愈鮮耳
抑尤有異者自海上多事以後歐洲諸國熟悉內地情形肆其貪
狡輒存得步進步之想勢若連雞一國有事諸國坐享漁人之利
惟美則頗懷不平故於戊午立約首以排難解紛爲言迄今已三
十年始終未嘗藐視中國至於華傭一事在內地聞之非常賊虐
誠爲可憤若究其事實則粵人在此嗜利無恥良莠不齊禍亦由
於自取且爲暴者係客籍之愛爾蘭島人非美國土著之民美人

於此一事防患未然早立限制十年之約無如限者自限來者自
來不致仇殺不止上年總署有自禁華民出洋之議彼國人心大
爲悅服使事一切頓覺順手是知懷遠以德古人之言良不虛耳
尊論以其民主之國不免太阿倒持類於處士橫議而慮其流弊
玨初來時亦持此見迨日久察之知其不然彼中立國未久上下
志通無甚壅隔與內地情形不同但有公是公非尙無作好作惡
其議院所陳大都皆厚生利用之事其在官之人亦無樹私立黨
之風因思尙書洪範謀及卿士謀及庶人周官外朝之位衆庶得
從三公之後古時中國政事何嘗不詢謀僉同秦漢以還此風遂
杳第惴惴以大權旁落爲戒而民生休戚僅付諸郡縣之吏其賢
者拘於文法不肖者肆其奸欺所謂好民好惡民惡者不過紙上
空談閣下數歷日久痌瘝在抱凡此情事飫聞習見知不以鄙言
爲過當耳又自宋以來儒者謂人才不古由於無小學之教亦思

有以振之而卒鮮其術及來此都見彼中雖五六歲小童遇中國官吏皆肅然致敬有若成人叩其所以則由比年學校之興日盛一日頗有黨庠術序遺意其課習之書雖淺近不文大旨導以忠信勤儉是小學之教亦暗合古人宜其人才日强能陵趠重瀛以與上國抗也總之立國不外富教二字能此二者自强之術在其中從前郭筠仙侍郎出洋之後凡所著述雖不免激宕稍過然其意尚欲中國士大夫洞悉夷情發憤爲雄近年出洋人才日益智巧務在揣摩當事風旨專以礮械鑛產等事爲言而于中外所以强弱之故概置弗道又其下者則刺取日報中譏姍時政之詞摘譯一二推波助瀾以明外國之不足畏自謂不爲風氣所移庶幾不得罪於淸議以無害其進取之途不知　朝廷遣使設官糜費重帑其所求效果如是而止乎亦可慨已

上閣中堂辛卯二月

廷自己丑科禮闈報罷後本擬息轍里門重溫舊業適薛叔耘星使有英法之行在都面商奏調星叔師亦有意勸行乃歸稟慈闈重為浮海之役以去年正月十二日在上海啟椗出洋二月十六日抵法國之馬賽登岸三月初一日至英京倫敦派充駐英三等參贊官來歐一年細察此間風俗人情似不如美國樸厚水土氣候亦不如美之清和獨其政事綜核精嚴官吏上下絕無絲毫欺飾之弊則略與美同至究其富強之本大旨不外君子無逸民生在勤二語益信中西有異俗無異理也法政遠遜於英其民既不耐勞又不能儉人情囂動朝野皆有競心殆所謂其強易弱者近年英人頗有意結好中國去多議在南洋英屬地添設領事以保華民近如香港遠如緬甸之仰光皆在其列外部俱一一答應此向十數年來所未有也鴉片一事英人亦知蠹害中國二十年前彼中議紳教士倡有禁煙公會頗能主持正論光緒三年郭侍郎

使英時曾經奏陳在案近來彼族聞中國徧地種植出產愈繁且
海關榷稅視爲大宗遂謂此非彼國之蠹中華乃華人沉溺不返
自甘受毒因而議禁之人漸少公會雖存非復昔年踴躍矣然猶
月出新報危言隱諷時有所聞觀此情形中國果有禁煙之一日
彼族當不因此而起釁端珏去歲曾以此意函稟星叔師但念今
日司國計者方以度支匱乏爲慮恐未暇爲此遠猷耳山右昔年
大荒之後人情頗知悔禍近來能否痛懲前失盡芟毒卉抑巳泄
沓如故禍種復滋竊謂禁栽罌粟一事若專恃地方有司雖諄諄
誥誡不過一紙空文必多得本處賢士大夫任勞任怨盡心勸導
多方設法略師藍田呂氏鄉約之意定立章程由一鄉而一邑由
一邑而一郡逐漸推廣拔本塞源伏念吾師痌瘝在抱比雖頤志
林泉而胞與之懷必不忍一夫不獲誠信所感晉中賢士大夫必
樂於趨事又李菊坡中丞向撫黔中禁栽罌粟甚嚴惜未久去位

不能大行其志邇年解組家居如能妥籌善法倡率紳士化導鄉閭歲月漸摩亦當有效山右民風猶爲敦樸以吾師之盛德及中丞之清望南北主持始終不懈或能挽此頹波一省之流毒既清即可推行於各省愚人千慮不知有當萬一否至於禁止外洋鴉片但使政府能一日籌念及此譯署農部合力維持再由出使大臣相機折辯不難杜絕來源緣此事並非彼族之所堅持咎在中國不能自振耳

上許星叔先生庚寅四月

珏新正十二日隨星使由滬放洋沿途所歷若西貢新加坡錫蘭等處皆泊舟登岸一覽南洋各國炎歊鬱蒸其人大抵昏惰愿懦不能自立歐人東來智取威懾易若摧枯拉朽無足怪也過紅海出蘇彝士河口入地中海天時地氣陡然改變其人亦皆堅忍耐勞秀麗多智足與中華相匹竊謂天地溫厚之氣始於東北而盛

於東南中國得之故自唐虞以降其闢地也由北而日南天地嚴凝之氣始於西南而盛於西北歐洲得之故自羅馬而後其闢地也由南而日北英法兩國皆瀕北海其距赤道法則四十至五十度與中國之吉林東西相直英在五十度外已直黑龍江之北地極寒冷而物產所出至爲繁夥則由人力能盡故也論兩國政教得失大抵英人俗勤而法惰英人氣靜而法囂英人政出於一而法則橫議蜂起法之視英未可同日而語惟英人智慮精銳處事絕無餘地亦非持久之道以視往年所見如美國之悃愊安靜殆遠不能及至與中國交涉英法似皆有玩視之意亦不如美國之能推誠相待雖初到此間其底藴未能深悉然粗觀今日歐美兩洲之局而知我中國之擇交亟宜於閒暇之時爲未雨綢繆之計愚昧之見尚乞吾師莞爾存之

上許星叔先生

關東三省開辦鐵路已有成議私心甚喜此雖不足語於自强之本然急則治標亦今日應有之義抑珏安有陳者東省既辦鐵路則有兩端浮議決當屏絕一不可惑於取贏利以養路之說一不可泥於不用洋匠洋料之說何以言之中國太阿之柄操之自上與外邦情形迥異其始取萬方之租稅以供君國其繼用一人之帑藏以衛閭閻計歲賦所入凡養兵治河轉漕驛傳諸大政無一非損上益下取於民者仍用之於民若以贏利為言則此諸大政無一當舉者矣西漢均輸北宋市易其所興作一有計利之心流弊皆至於財用耗散民氣凋敝蓋中國與泰西之政其本既異其末自不能强同也牛莊至吉林鐵路果成不獨邊陲有警可以朝發夕至而登萊之民藉工作之興渡海謀食者歲可多養十數萬人若能稍寬邊外墾田之禁從此化磽瘠為沃壤內地無業之氓源源而往田廬室家日益繁殖非特有裨邊防即於八旗生計亦

有起色則不言利而大利在其中矣惟是通籌今日中外大局檢查海關歷年總册土貨所出尙不敵洋貨所入東省鐵路一開風氣所趨將來商販繁盛之區計必自立公司接踵而起即以每年造路千里計算需用洋料歲出之銀又多數百萬兩內地無貨足以敵之則銀日外溢商民日匱不得不借洋債以資周轉而稱貸取息國用亦暗耗於無形此則不能不鰓鰓過慮者也竊維自古善爲國者大抵因勢利導補偏救偏以管子之才而太史公稱之曰其爲政也善因禍而爲福轉敗而爲功珏自來英倫詳訪彼國輿論皆以中國沉溺鴉片一事決爲不能自强之明證其長厚者祇代爲太息其巧黠者則譏侮百端倫敦現有禁鴉片貿易會月出新報正言隱諷不一而足前任使臣郭侍郎曾經奏陳有案當時內地諸人頗譏侍郎爲彼族所愚平心論之鴉片一項爲印度歲入大宗驟欲彼國自禁種販談何容易然猶幸天理一綫不絕

罌粟視五穀獲利不啻十倍即令重征終無以遏之然欲內地不
癮八口皆飢種植愈廣受禍之人愈多此豈可以爲常法乎蓋種
害如昔人禁酒之權仍之可也今則一朝耽好終身廢棄一夫成
鴉片一物食之有益於人如此辦理可也即僅止無益而不至有
來亦已數年中國吸食之人未嘗減少而種植之地日益繁多使
大旨亦重在收回利權寓以征爲禁之意然自洋藥稅釐幷征以
洋藥一事原未嘗一日能忘近見總理衙門整頓土藥稅釐之奏
事條期於逐漸設法禁止尤爲正本清源之計是　朝廷於禁止
諭旨亦有乘機利導聯絡會紳與外部酌議洋藥進口分年遞減
難自行禁止迨九年正月特派曾侯辦理洋藥稅釐幷征之時
運著與英國官員妥爲籌商果使外洋煙土不入則內地罌粟不
光緒三年郭侍郎條奏之時　諭旨明云欲禁吸食必先阻止販
於人心此議發之自彼在我未始不可援以爲助檢閱使署舊卷

種罌粟必先使外洋煙土不入前奉　諭旨甚明查西人近年在
印度極意講求種茶漸著成效是彼未嘗不慮我有禁煙之一日
故爲此先事預防之策竊意此刻正宜乘機利導與議洋藥進口
分年遞減之法西人計較利害細入毫芒苟不稍與以利益斷難
就我範圍中國數十年隱忍包荒以及郭曾兩使臣奉有　諭旨
而仍躊躇不發者亦由於此刻下開辦鐵路需用洋料爲款至鉅
若乘此機會與英國訂明中國現擬將洋藥進口之數逐年遞減
以期漸行禁絶惟念英商貿易驟減或致向隅故擬將目前所購
鐵路洋料專歸英商采運以恤商情而敦睦誼如此措詞在我仁
至義盡在彼諒無阻拒之理即或彼以鐵路所需之數不敵洋藥
所銷之數支吾其說然在我既有此議即可飭下各關按年定額
示以限止幷商令於印度出口之處定一遞減之數彼處種茶既
可獲利亦何必多種鴉片害人今英禁煙會紳已倡此議我即可

援以爲證以塞英商之口總之彼遵用吾議則鐵路需料利歸英商不遵吾議則鐵路需料利歸他國操縱之權悉由於我但能相機應付則彼曲我直斷不致因此起釁查中國與俄美巴西等國立約皆有不准販運洋藥之條即英國與日本朝鮮通商進口各貨亦並無洋藥一項參觀互證同此邦交豈有中國獨應受人挾制之理是此事可行確無疑義猶憶道光二十年初定禁煙之律當時俄人款關來告謂已協助中國嚴查邊界不准鴉片私入內地前年郭侍郎陳奏禁煙之時荷蘭駐京公使函告總理衙門謂西國素來敦睦者聞有此舉莫不以手加額樂爲助理足見秉彝之好薄海皆同　朝廷舉動得宜異族亦輸誠爲用今日乘此機會力籌禁煙亦管子因禍爲福轉敗爲功之一端也或慮方今國用孔艱洋藥稅釐驟減恐於度支有礙勢所難行不知公家歲少數百萬之稅民間實留數千萬之銀今日大患在於民貧不在國

儉且西人每云外國王經商人亦恨中國之銀爲鴉片所占致他項洋貨不能暢銷誠使洋藥既減而他貨旺銷則於關稅出入亦當不致大損且謀國者以義爲利此等稅釐亦豈可恃爲經常之用乎玨自聞東省開辦鐵路之後即懷此意而事體重大積思數月未敢告人伏念平日蒙吾師垂愛至深用敢竭其一得之愚縷析上陳以備采擇

上許星叔先生辛卯

今年三月間英國禁煙會紳士曾在議院倡議限制印度種煙之數一時贊其議者居十之六西例凡集議之事從者過半則以上聞英廷重違衆意而仍以印度餉項難籌爲慮其答覆會紳之詞有謂中國目前如欲禁止不准入口或再加抽重稅英國決不過問亦不因此啟釁如此則限制之道自在其中蓋英政府料中國必無議禁之事姑以此語搪塞會紳也至四月下旬會紳復開院

集議欲遣入至中國上書總署請乘此時禁煙係是絕好機會云
云當時珏亦在坐親聞其議其首事者旋來署謁見星使備陳願
助中國之意且述同治八年恭邸而勸英國阿使禁止販煙之言
爲證謂今日情形異於疇昔目前中國如持此議教會從而和之
力可辦到請將此意轉達總署星使慮空言無據囑其開送說帖
允爲代呈此五月杪事也旋以內地教案紛起該會中係教士居
多衆心惶惶無暇及此其說帖亦未送來星使亦未催問議遂中
止伏思珏上年肅稟擬請申明光緒九年　諭旨與議洋藥進口
分年遞減之法而尚慮英廷冀估利益有所規求及今夏親覩會
紳集議情形與英政府答覆之語益知事機可乘私謂此時若與
開談或不慮其鑿枘不意教案既興之後英法聯合一氣局面頓
變英外部挾中國不允咨事之嫌於教案尚多挑剔諒不能再提
議減洋藥一層且揆度目前事勢亦恐有所未暇第念外洋實在

情形如此而中國當事諸賢則未必盡知故覼縷上陳用備異時
采擇

此書發後逾月禁煙會紳亞歷山德即將說帖送來幷告所以遲遲呈遞之故會星使赴巴黎度歲明年三月始返倫敦至五月將說帖函寄總署是秋八月玨奉太淑人諱卽星奔回華後來總署如何函復迄未得悉云

上許星叔先生

玨三載在英粗觀梗概凡交涉事件由星使隨時函達譯署無俟贅陳惟此中肯綮有關係大局之處請爲吾師約略言之大抵歐美適商各國皆有所利而來然於吾華損益之數恩怨之故則各不同英人與我結怨最先受損最甚此亦盡人所知而出使以來中國士大夫至英者咸謂英爲歐洲最强之國中英輯睦則泯各國窺伺之心是以置其結怨受損之處不言壹意遷就以爲聯絡

玨之愚竊不謂然英人內狡而外和專利而忘義其於交涉事件得步進步從無退讓以曾惠敏之才一至俄國能改崇厚已成之約而駐英之日緬甸一役不能出一語爲重輕檢閱緬事全卷英外部視惠敏不啻玩於股掌之上此非惠敏才有所短也英之長技然也上年長江鬧教之案法居什九英祇什一而英人與法始終合謀最後各案已結英人尙於黃陂匿名揭帖一事百端挑剔梅生代購軍火罪狀甚明而赫德巧爲開脫於先英按察司輕縱於後其蔑視中國之心處處發露所謂輯睦者安在以視俄美等國之用心不可同日語矣歐洲各國俄爲最强地大物博已踞全洲之半英之忌俄百倍於華萬一有事英亦自知力不能敵俄故常思嫁禍吾華俾其發難東方以緩己國之禍倫敦各新聞報大抵皆操此術每論中俄之事巧爲簧鼓以動衆聽我內地申滬報從而譯述之士大夫亦閱而信之耳目漸染先入爲主是非混淆

莫此爲甚此事關係將來大局不可不熟慮深思卽如帕米爾之事若非英人先圖下手俄尙不致遽佔爲己界幸此地於中國得失亦無甚緊要然因有英人在內我轉不便與俄爭則亦英人累之也通商數十年無論鴉片一事流毒至深卽洋關出入之貨歲輸銀數千萬兩出洋大抵皆英商所得與他國無涉俄人來華進口貨少需用內地物產較多美國商務略與俄同而華傭所得之銀歲運回華者亦數千萬是我失之英而取償於美此中損益之數華人知之洋人亦知之曩年俄外部嘗謂曾惠敏英人以毒藥害中國以戰事迫中國在中國當飲恨俄與中國交好二百餘年似非英人之比云云近日美國機利創立苛例其中有云華人至美獲益甚多與往各國不同而中國視美泛泛與他國等其意實亦有所不平故激而云然竊謂此時駕馭外夷之法不外恩怨分明防損取益八字我能結好俄美兩國則英人之氣自沮而禁煙

增稅等事他日皆可徐商雖積重而不致難返若以畏英之故轉
認英爲眞心輯睦則各國必竊笑其旁弱者齒冷強者攘臂恐此
後日益多事雖有善者亦末如之何也已抑嘗推究其故蓋赫德
爲總稅務司握中外貿易之權馬格利爲使署參贊任兩國折衝
之事此兩人原係英人偏袒本國固無足怪獨怪中國日復一日
遂使恩怨不明損益不知隱忍因循不思變計良可痛耳珏在英
三載與星使意見大致多合獨此一端每至齗齗執辯刻下星使
任滿將歸後至者心地才略不知視前人何如第念此中肯綮爲
向來函牘之所未及愚者千慮或有一得不敢不上陳於函丈之
前倚裝匆匆言不暇擇伏乞鑒察

與錢念劬辛卯正月

尊函云柏林樸氣不下倫敦而靜氣過之善哉覘國乎非深心人
不能知也治國治身實同一理望閣下以此驗人并以此自驗則

進德之勇一日千里矣

復姚子良辛卯四月

印度水土惡劣一至於此此古來史籍所未詳近人記載所未及非閣下親涉其境不能言之確鑿如此英人營繕此邦不遺餘力固有深意自乾隆年間北美合衆國自立之後向所視爲外府予取予求者一旦盡失既挫於西不能不圖償於東印度物產饒亦數千年著名之國熱帶之下繁殖倍於溫帶且輪船東來實當衝要是以畢力於此冀收桑榆之效未及百年竟償所願向使英人無印度新嘉坡爲東道主其能肆毒於中國若此乎弟觀歐人勝於華人之處只是不畏難不好逸到處存一人定勝天之念其所長在此中國則反是閣下昨在仰光遞來各件公文具見擘畫周至第設領事一節一時恐未能行前年香帥督兩廣時曾有南洋各埠設員之奏譯署議覆頗不謂然刻下耘公籌設香港領事

英外部已允而譯署尙在躊躇未即許可以此觀之將來仰光設員一層尙須斟酌而印度無論矣欲領事得人尤非易易閣下所論左楊諸人習氣誠亦不免然在今日出洋人員中已算明白穩練但望風氣漸開或再更十數年有忠信智略之士一以君國爲心者出乎其中則應付外事庶有轉機耳

與顧延卿辛卯八月

中國教案迭出彼族協以謀我情殊可惡內地辦法亦未盡錯四月出事八月結案不可謂遲試問洋人保護華民辦交涉事果盡如是迅速乎然猶一再恫喝屢受其侮此無他中國人才不足故也其所以不足之故仍不外乎弟前所謂泛持正論者不通世變巧趨時局者祇便身圖二者之弊而已其所以不能革此二弊之故由士大夫尊主庇民之心不眞而已來函慮根本之間頗有虧傷不盡寒暑之爲虐自是勘進一層之論兄所言者本病弟所言

者標病也安得良醫鍼膏肓而起廢疾乎

與李豫巖辛卯三月

泰西之政勝於中華者有四曰勤曰儉曰公曰誠中國大弊在於上下相蒙以作僞爲得計究其作僞之故則由於不公不儉不勤然此弊亦惟官場爲甚　九重未嘗不公且勤萬姓未嘗不勤與儉特無如中間一節致君澤民之人事事不誠習爲固然縱有一二賢者亦不能挽一世之滔滔此眞扼腕太息無可如何者也至於日本勃焉奮起之故當明治初年審知西人之不可力禦即分遣才智之臣數十人游覽歐美兩洲考察所以富强之由歸而衆論僉同遂決計改易新法此數十人者本負時望回國即分任要職故能如此中國他事無論即以出使一端言之大抵用不甚愛惜之人辦無可奈何之事其相從而來者則除薪水保舉而外別無他志此何可與日本同年而語也

與李豫巖壬辰二月

承示中國吸酖藥者日衆有民窮財盡之患因推極於天運循環引晉張趯之言爲證藎懷卓論實獲我心弟嘗言英人作事處處精悍不留餘地實非持久之道目前君相同心賢才任職自是一時之盛將來嗣子庸駑上下猜貳亦在意中就今日中外交涉大局而言不過英法俄德美日本六國竊揣英人三十年後必不能如今之强盛德則國小地瘠恐并不及三十年法則已衰勢難復振日本計功謀利之風日甚尊君親上之意日微此即從事西學之流弊不久且當有變計異日能與中國並峙者祇俄美兩國耳然俄內政亦多未善蓋但恃君權無限而無與民同欲之意循此不變人心日離度亦未遑遠略美則國富民和爲地球之冠方興未艾然素以無事爲福不尚武功故深觀中外交涉之局實無大可慮者竊謂今日事勢不患外國之日强第患中國之日弱其所

以弱之故則在士氣之惰偷吏道之欺妄上哲不易得中材以下大都以徇俗爲通方以守正爲迂闊馴致百度俱隳萬事叢脞自强之道要以力挽此風爲先不審吾兄以爲然否

與秦來卿辛卯七月

古人爲學指歸要在裁成其生質之過不及以求合於中擴充性之所固有而去其本無大學言修身在正其心而指出忿懥恐懼好樂憂患四者有一於此則必不得正至爲明白中庸言聖人之極功推之天地位萬物育而必求端於喜怒哀樂未發之中亦與大學同意高子遺書發明此旨至再至三幼時鹵莽讀過近日持以印證諸經及先儒性理各書無不悉合因是稍得由博返約之趣質諸有道以爲然否曾函論歐洲政事謂西人於物惟恐其有餘於民惟恐其不逸此弊誠亦有之要特末流之失非其初意鄙意外國百年所以富强之本不外公信勤儉四字括其要旨不出

教養二字範圍中國目前貧弱之故祇由不求自立大本事事隨人學步又不究心其政治之大而屑屑於器械製造之末所謂皮之不存毛將焉附徒見其弊未見其利也

與楊叔平 壬辰八月

日間承傳述憲諭諄諄非不感激顧念遭此鞠凶惟有壹意守經則於心少安稍稍通權達變即古人所謂以三年之喪從其利者矣弟身體本弱此時悲從中來惟有置一切名利得失於不顧一往無前但以憑棺一慟爲念則正氣尚壯稍足以減哀思若略一徘徊則正氣一衰心無主宰哀思內鬱時感外侵陰陽沴厲皆得而乘之倫敦水土尤惡恐使憲之愛我者適所以禍我也請奔喪稟懇代求即日批准發下俾寸心稍定極知使憲相待之厚所以報知己者請俟異日

謝錢念劬 壬辰九月

前奉賜電垂唁並誦惠函代籌一切摯情高誼感激涕零哀痛之
餘未即復謝諒蒙鑒宥玨自今年六月以後連接家書知老親衰
態日增常在牀蓐祇以滿差期近臘月即可回華私冀歸侍匪遙
不圖一旦罹此鞠凶痛何可言此次出洋本非始願所及己丑夏
間在都耘公面商奏調當時玨雖答應意實躊躇及回里後聆老
親嚴詞訓誨諄諄以始生之日桑弧蓬矢期望爲言乃黽勉從命
決計復出來此三年無日不喜懼交縈然大抵喜者什一懼者什
九卒至今日之事悔憾何及已矣今生永爲無母之人矣此時雖
星奔而歸安得復見倚閭望我者乎日來經手事件次第料理清
楚已定於本月十八日在倫敦起程廿三日至馬賽上船十一月
初可抵家計尚在聞訃百日期內葬事恐今冬趕辦不及須待明
春矣來函慮及長途無伴語言不通囑少從容以圖具紉雅意惟
念不祥之身人既不樂與伍而既曰奔喪又欲待伴於奔字之義

何居是以聞訃之後絕不計慮及此蒙叔平厚意囑周大隨同回華途中有僕諸事較便感承關愛謹以附聞

復庵遺集卷十九

無錫 許玨

書札二

上許星叔先生 癸巳八月初九日

受業初擬四月中旬附輪北上趨侍左右會得皖中舍親來函述楊子通星使雅意相招詢其能否出洋受業竊思與星使素未識面意必在京之日蒙老師齒芬奬借是以禮羅及之第念星奔歸後雖營葬已畢未踰小祥若遽捧檄而出寸心實有未安比謁見後談論甚洽有虛左以待之意且謂此次隨帶各員內諳悉洋情嫻習公牘者殊少殷殷勸駕受業見星使求才之意甚誠似難固却因訂明暫不同行俟過小祥後出洋須八月杪在滬起程星使允諾六月初旬附片續調抄咨譯署計吾師於案牘中已見之矣此次海外之行實非意料所及每念堂上音容已渺即異域長征

亦復何所繫戀惟以讀禮之時爲隨槎之舉事非金革藉口權宜清夜自思良深內疚現擬到差之後稟請在服制期內雖受檄辦事不敘資勞仍以服闋之日爲起資之日庶問心可以稍安而與譯署定章亦復相合華傭在美毿毿已久必改絃更張庶有轉機星使之意極思挽回補救其持論與受業平昔之見頗合此行或能裨補萬一上慰廑懷惟屈指瓜期又須三載絳帷趨侍尙待異時北望京華神馳靡已

與鄭蘇龕 癸巳十二月

中美交涉之事自戊子秋間彼國違約立例之後寓美工商受困已甚張崔兩前使駁例之文不下數十次彼族概付不答中國亦遂聽之自去年以來復因注册領照一事華民不願延訂律師控於彼國察院累訟經年卒不得直以致秋間有拘拏華工之事平心而論戊子所立苛例自應及早設法廢除注册之事彼族不過

爲分別新舊工人起見並無苛待之處應聽辦理當事者不審緩急輕重之序悉聽華傭悠悠之口隨其播弄以致愈辦愈壞現經星使商允外部重修條約廢除戊子苛例而注册之事另立報施專條如得就我範圍則以後當有轉機耳惟禦侮之道必先自治華傭取侮之道不外吸煙聚賭窩娼械鬬數端此爲地球各國寓美人民之所無彼族屢以有礙地方風俗爲言限制之議緣是而起今若能從此下手痛予懲禁自可令外人心服一勞永逸而環顧同來海外諸人足與言此者殊鮮總之華民本不自愛華官既不知愛民又不知自愛而第諉咎於洋人之不愛我華人有是理乎故弟每謂辦理各國交涉之事其棘手處病不在洋人仍在華人也所望風會轉移人才輩出計現在隨使各國之人合亞歐美三洲不下百數十員但求什得其一巽日忠信才智之彥奮起其中聲應氣求雲合飆舉或足以滌今日吾華士大夫委靡苟安之

恥曠觀當世非執事其誰與歸

復薛叔耘星使 癸巳十月

華工在美已成江河日下之勢究其病源大抵咎由自取前樵公在此於實事無裨而與外人交際場面倘好崔任四年則并場面而破壞之總署與使臣函牘往還不外駁除新例四字究其如何駁除之法不過屬律司上控而已於土客可以長久相安之道始終未嘗籌及披閱舊牘祇增太息又數年來衆口所爭指爲苛例者係華民領照注册一事平心而論此卽中國保甲法煙戶册之遺意有此則良莠可以稽查而華民大抵不願以致被拘昨經星使詰問外部調停議院乃允展限半年被拘者一律釋放現在方籌抵制之法俟有端倪當再奉聞

復薛叔耘星使 甲午二月

承示滇緬條約業已告竣畫押昨又得讀咨到摺稿具仰碩畫周

詳無任欽佩英人外和內狡外部名爲持平實與印督互相表裏就滇緬時勢而論界務爲急商務次之至商務中八募設關一條鄙意即使議成將來辦理亦殊不易趁其賴去此層撤彼數項權利相機應付未爲失策也此間華工一事現經商允外部廢除苛例仍用戊子年原擬之約而添入注册保護一款凡華工在美美工在華一律辦理又因美工在華寥寥無幾除工人相抵之外寓華別項美民按年由美國公使册報總署一次又另訂交犯專約以上所得各項利益皆在戊子舊約之外已於本月十一日奉總署電傳　諭旨與美外部畫押矣中美交涉之事崔任四年漫無條理久爲後族輕藐此次披卻導窾挽回煞費苦心自上年仲冬開議磋磨三月甫得就緒昨星使已具摺上陳即日想抄稿咨達玆不詳及

與陳伯才 甲午十月

大著戒煙賭文二篇沉著痛快誥誡詳切洵足振聵發聾昨呈使
憲閱過微嫌於原奏美國所以限制華工之故尚未盡情透發蓋
此種惡習爲地球各國之所無美恐壞其風俗故立此限制之法
亦爲待地球各國之所無此習不除將來名爲禁工勢必幷至禁
商此習革除不獨商人享一體優待之利十年以後此限制華工
之例美國亦可停止蓋既無損於其風俗則中美邦交方睦限制
本有年數也前擬稿時未見原奏是以立言命意稍有未符卽請
閣下更作二篇按照以上大意而兼及傭工之人因此喪貲流落
切身之害篇幅不必過長多至六七百字足矣雖名勸誡文實亦
告示體裁卽乞大才斟酌盡善爲禱

復許九薌甲午十月

倭事潰決至此外洋日報又加甚其詞閣下忠憤所激詳論中外
事勢瞭如指掌局勝欽佩弟自六月間倭衅初起之時早慮此局

難於收束蓋倭之氣輕財賈固在意中然入寇者皆亡命之徒有不死不休之志我之海軍雖經營十餘年大抵祇講器械不講人才陸師尤窳情難恃兩軍相當堅脆懸絕兵家貴知彼己固不能以空言爭也惟是兩國業已開仗勝負亦戰事之常自當堅守定見與之持久主客形勢究殊待其力竭就我轉圜庶可徐圖收束不意袞袞諸公始則輕於言戰繼則急於求和自九月下旬英人倡棄藩賠費之說以嘗試中國總署諸公承命維謹並力求俄法德美同出排解各國以英意甚狡不願與之共事刻下戰既無備和亦未成連日電報絡繹祇為借洋債賠兵費之計時局至此殆關氣運復何言哉會論各國邦交與我親疏厚薄殊多未確以目前實事驗之美於我最為關切云此時不可議和恐啟各國輕視別滋事端俄雖強悍而用心尚公甚不以英之袒倭為然法德皆泛泛惟不甘為英所用英則自始至終一意庇倭目前倡議勸中

國賠費求和正以倭力將竭故也至於各處日報抑揚之詞與各政府邦交之誼全不相涉未可爲據

復許九薌乙未三月

總署定章以三年爲期苟無萬去不過之處自宜黽勉終事薪水保舉歸裝皆爲中人以下言之吾輩立身進退去就亦宜求合中道何所聞而來何所見而去此際不當草草況在重瀛數萬里之外乎秘都失陷總統出亡使署卽云無恙亦類幕巢之燕未知何日可以安居此時閣下尤不便言歸也

與余立之乙未三月

煙賭二事在僑氓甘心沈溺已成牢不可破之習此次使憲苦口諄誡未審衆意以爲然否自上年十月起舉行宣講　聖諭約計每年所費不下千金究竟商民能否感動有無悔悟之意講生趙家璧能否始終懇切大抵任事之人有眞精神自然有眞效驗若

視爲具文則亦徒多耗費終於無益而已此事應由領事官認眞

整頓

復張梅航 乙未三月

來函言獨爲君子之難鄙意惟獨斯爲君子若從風而靡安得謂

之君子乎出洋人員流品最雜如香兄之書生本色介介自持殊

不易得即爲閣下計亦不可無此幫手也

復孫仰泉先生 乙未四月

小兒同范學業淺陋倖中副車猥蒙獎飾過情益滋愧悚科舉之

學疲精勞神銷磨歲月終歸無用現擬令潛心經史數年俾稍知

立身軌範古今成敗將來無論出仕與否胸中有數十卷書脚跟

自不致隨人轉移冀以慰長者期望之心時事潰敗至此譬諸人

身本無大病祇由平日誤認庸醫爲聖手侈談海上奇方於養生

却病之道絕不願聞一旦腠理不實外感忽侵醫自顧藥籠中空

空無物妄言病由夙孽非藥餌可愈且勸延請師巫及早禳解而侍疾者以其久荷主人豢養强欲一驗其刀圭之效不知適以性命爲嘗試庸醫欺罔之罪固不勝誅而侍疾者之鹵莽亦預有責焉及元氣大傷客邪未退醫益自神其說謂舍師巫禳解外更無良策雖有他藥屏不使進而邪且入於筋絡中於臟腑遂成癱瘓不起之症矣雖然猶未至於不可療也但使斥其庸醫勿再談海上奇方求藥性之和平可久服者食之愼起居以却外邪勤運動以袪內滯血脉既和風痰漸散沈疴立起在指顧間事耳嗟乎大臣不可以不學進賢退不肖憂國如家使非天資篤厚而所學又純粹以精未易望其及此也今之當路者遭際時會因人成事負其勛望居寵利者垂三十年平日除鋪張西法外不知何者爲人才何者爲學術營私植黨侈然自大驕盈已極恣爲欺罔敵人洞見癥結始從而生心雖謂啟敵召侮禍由此人可也昔閔馬父以

原伯魯不悅學而知周之將亂孟子言兵甲不多貨財不聚非國之菑害獨以上無禮下無學事君者泄泄沓沓爲患誠使懲前毖後力圖振作知自强在賢才不在西法博求志節之士因時達變相與有成禮曰忠信以爲甲胄禮義以爲干櫓詩曰無競維人四方其訓之三年之艾及今蓄之未爲晚也區區芻蕘何足患乎辱承垂問輒貢其狂愚之見質諸有道以爲然否玨三度出洋歲月蹉跎年逾半百精力漸不如昔惟管窺蠡測之所及較前似覺有進暇時仍日鈔高子遺書領略其處明靜逸之趣水居可樓時在寤想擬他日結廬其側以樂餘年未知此願能遂否耶

復李豫巖 乙未正月

倭事潰敗一至於此威海失後積年軍貲盡以予敵不審平日高談西法者持何面目以見朝廷可爲痛哭自上年十月以來總署亟亟請各國居間求和而倭人並不因此少作回顧遂日益深所

謂和者其效如此各路援兵屯集都下近二十萬卒未聞遣一軍出山海關致奉天迤南一帶連絡要隘所謂戰者其效又如此此時內而政府外而閫帥尚可謂有人乎總署於此間除需商量美國之事一概信息不通即電詢亦不答覆凡戰事勝敗及失陷地方僅憑外洋日報或外部得駐京公使電信轉以相告而已惟軍事失利後此數月中各國大萌輕視之意交涉之事愈難措手美初允訂互交逃犯約現請停止墨西哥先力求換約通商現亦遷延不答至於秘魯檀香山等處因此敗耗而華工之遭淩虐者更無論矣大抵政府根本也使臣枝葉也根本受傷而枝葉尚得發榮滋長乎來函極稱西法之善而有意於議院學堂之設我兄身在草野心存魏闕見所譯西人書往往自誇其盛謂中國泥古不用西法之弊弟三次出洋親所目擊歐美各國均有議院學堂而治亂得失亦各不同至議院之黑白變淆黨援傾軋更難殫述歐

洲之法日義南美洲之秘魯等國均不免此獨美國風氣尙樸稍安靜耳近日曾作西法論一篇附錄奉覽暇時乞惠教之

復李豫巖 乙未六月

中倭之事如此敷衍下場試問一年中紛紛擾擾辱國殃民至於此極正名定罪誰尸其咎尤可異者俄法德三國於簽押之後力阻批准暫緩換約此是絕好轉機而迷者不悟漫謂各國同冀漁人之利畏首畏尾無所適從易曰負且乘致寇至又曰鼎折足覆公餗此皆人事使然豈得諉之氣運哉現臺灣早經割送而遼東寇蹤並未撤去此後有無變局尙不可知然而燕雀處堂方且泄泄沓沓自以爲無患今而後化干戈爲玉帛矣豈不傎哉來函謂中國大患在蒙積弊在惰而深盼議院學堂之設竊料經此番挫敗之後凡震驚西法者必將推波助瀾神奇其說不久當有疏請開議院設學堂之人弟之愚見則謂立國以人才爲本人才以忠

信爲甚徒法不能自行此固中西一理者也吾兄以爲然否

上張香濤制軍　乙未十二月

自聞節麾回任之信兩旬以來仰見訏謨碩畫務籌久遠不以瀕行稍易初規無任欽佩昨聞　諭旨亦以洋操鐵路兩事創辦不易勗後來者賡續無怠益徵　明良一德欣忭尤深惟二者之中似尚有輕重先後之分敬爲左右陳之洋操一事我公行後峴帥自必遵　旨謹守蕭規第慮湘人狃於所習筋弛脉緩未必實力振作而洋將韜略我亦不深知其底蘊所可知者紀律而已必謂教成之後他日臨陣卽有把握殊未敢決鐵路則造一段卽可收一段之益其關係最大處在能弭患於幾先何以言之假如海上有事敵於吳淞口外駐兵艦數艘我長江輪船卽不敢出海口內地運河節節阻淺縱使開挖深通用小火輪船拖帶而江甯至蘇極速亦須兩日程設有督撫必需面商之事往返一次已四日矣

若有鐵路則自甯至蘇不過四百五十里計兩時可到辰往午達商確已定卽時而返未及半日耳軍謀神速銷患未形縱海道或有梗阻而內地徵調自如敵亦何能爲患此鐵路之益豈可以區區贏利有無言哉總之鐵路妙用在能縮地中國幅員遼闊唐宋以後邊塞郡縣僅以羈縻爲治自元人設立行中書省政府大權益以下移今日六部所司者僅紙牘耳甚且內外顯分畛域部院大僚不察各省情形而各省大吏亦不能聯爲一氣則又一畛域也本省大吏不能察悉州縣利病則又一畛域也凡此皆幅員遼闊使然也鐵路行則治一省如一縣治二十一省如一郡又何畛域之有故愚謂鐵路利益所包者廣不當如商賈貿易斤斤就所獲多寡計也爲一省大局計目前開辦蘇滬一段不如先開江甯至蘇州一段蓋蘇滬現有小輪船行駛計程不及一日而江甯至蘇必由海道繞滬始到計程在兩日外小輪行內河則更遲故宜

先開此段尤爲當務之急惟創造之始必須官辦即官商合辦亦應權自官操今主商辦之説者殆謂官吏侵蝕無廉潔特操耳然商豈可盡信乎如其人各挾私見惟利是圖築室道謀徒誤時日官辦則可以專其責成雷厲風行尚可冀尅期集事自甯至蘇一段告竣由此而滬而杭尅期可畢聞前借洋款尚存三百萬如以二百萬作鐵路官股再招商股五百萬足敷江甯至吳淞之用其蘇杭一路或商股或官款似應會商浙撫再定此事有關時局大計且念切桑梓爲異日有備無患之思用敢直陳儻蒙俯賜采擇斟酌施行大局幸甚

上張香濤制軍丁酉

竊聞鐵路一事與比國訂立合同近日復有後言借款尚在未定或謂由英法等國忌而阻之未知確否或又謂今日中國局勢某處鐵路係何國承辦將來此地卽歸某國管轄以是各國競思染

指是鐵路一端徒爲外人乘機攘利之具而於補救時局實無大益雖以鈞座之公忠愛國覩此亦不免灰心此皆近日之所聞也職道之愚則謂各國冀以承辦攘利自是實情若謂某國承辦將來地即屬某國詆以外洋之事殆未必然如土耳其墨西哥秘魯皆孱弱之國所有鐵路均借各國商人之貲建造計各商所得不過專鐵路之利而已若謂即能佔其國之地殊未確也今日中國勢已岌岌凡言自强之策皆屬緩不濟急獨此鐵路一端如能并日而營十年之内六通四闢國勢尚有轉機而現在蘆漢借款已多方作難不能應手如此竊謂此事辦法總當稍有變通觀今日鐵路總公司之意未免鶩於小利忽於遠圖蓋此時當求借款之速集不當屑屑計錙銖之便宜儻有數國願借即擇其利便者借之而不必過慮其佔我土地爲遲疑不决之計也

上張香濤制軍 丁酉九月

山右一省西接關隴南通河洛鑛產之富爲各省冠如由太原東出井陘與蘆漢幹路聯絡計程不及六百里由澤潞趨彰衛接幹路僅三四百里并代雁門畜牧最繁太行左右煤鐵之利自昔稱盛如晉中造此兩路瘠苦之區可變爲富饒若由晉而西迤邐入秦度隴達玉門從此東聯遼瀋西接甘涼北陲五省五六千里三日可達不獨瘠土可沃且惰民可勸轉移之機莫要於此山右本公舊治甘棠之陰至今謳思即晉民之不能忘公益知公之不能忘晉若晉中鐵路克成其利國惠民功效實非淺鮮聞胡中丞近頗有意於此職道私念頃在鄂中荷我公拂拭之殷每思及時自效而鄂省事簡人才濟濟濫竽溷跡殊切內慙在憲臺雖有求才若渴之忱在職道究乖敬事後食之義是以兩次抵鄂輒有席不暇煖之思非敢自外栽培實以年逾五旬精力漸衰若不及今奮發自立空慚蒲柳無補桑榆昔人拊髀肉而興嗟良有以也現計

兩月假期屆滿理應早日回鄂趨聆訓誨惟念大君子之存心當爲一世廣人才之用不爲一己收得士之名職道二十年前曾隨同鄉朱笙甫學使按試晉省周覽南北各郡形勢粗知梗概現擬重尋舊游苟利斯民在晉猶在楚也

上翁叔平中堂

詩稱宜民宜人受祿於天書言四海困窮天祿永終自古迄今國家治亂興亡罔不由此頃者外侮環生時局日艱　朝廷深維仁者樂天之義以大事小馬關之約隱忍於前膠州之衅含宏於後無非與民休息之意然而志士拊心貞臣扼腕甚至外國日報橫肆譏訕創爲瓜分中國之說京師士大夫習聞不以爲怪轉相稱述絕無顧忌計必有上徹鈞聽者矣夫殷憂啟聖多難興邦往事既然豈獨異於今日竊謂外患不足憂目前所宜注意者惟我之民窮財盡內變將作亟當設法弭亂未萌耳溯自乙未罷兵至今

三載東南沿海數省人心離渙民氣蕭條珏去歲在滬目擊租界
華商外強中乾情形爲之太息及來京師見市廛景象亦非昔年
可比又聞各省偏災待賑者非一處中夕徬徨欲求一强國保民
之策而不可得本年正月閱邸抄恭讀　上諭將頒發昭信股票
息借華款輾轉籌思因於財殫力絀之時爲反本窮源之計謹擬
奏稿一通思呈請總理衙門代奏會俄人議租旅順大連灣事人
情惶惶徘徊月餘迄未上聞今則俄議已定繙閱前稿私念愚人
千慮或有一得用特録副先呈鈞覽是否可行以定進止伏維中
堂入贊萬幾出綜百國中外大政取决片言又筦領農部天下財
政所總匯也方今言理財者不外開源節流然而講商務談鑛學
設銀行議論徒紛迄無所獲則所謂開源者其效已如此矣至若
折漕裁兵等事無論各省因循未克舉辦卽使實力奉行一歲撙
節幾何今洋藥一項果能遏其來源俾漏出外洋之銀逐漸減少

猶不失爲節流之上策也珏昔年隨使歐洲曾與英國禁煙會紳士詳晰討論知中國果欲爲民除患決不致啟衅端又稔聞歐洲各國每指華民吸食鴉片一節決爲不能自强之明證今若使知朝廷於多事之秋尙能垂念及此彼必謂中國人情迫而思奮確有轉機亦未始不可少滅其覬覦非分之念伏懇中堂爲天下蒼生援手拯此陷溺啟沃 宸衷明降 兪旨准各直省府廳州縣紳民設立禁煙公會則四海窮黎皆獲更生之慶假樂之詩所謂受祿于天者將於是乎在不勝翹望懇切之至

上張樵野侍郎 戊戌正月十二日

傳聞俄英兩國俱以借款要挾多方尙無定議職道之愚以爲俄英各有所求歲息雖輕而太阿之柄一旦倒持後患正自無窮似不如兩罷其議與美國婉商美多富民其國家向不干預他國內政即息錢稍重較無顧慮科士達爲中國效力有年若速電籌商

計一二月間尚可就緒但此係局外推測不知其中有無窒礙姑
即管蠡所見上備采擇

與袁爽秋 戊戌十二月十九日

聞外間謠言謂美國有事要挾中國其意甚堅此語初出自英商
洋行買辦某某頃聞士大夫亦有傳述此者未知究係何事總署
已見明文否玨在英數年深知英人之狡詐中俄合則忌俄中美
合則忌美百計離間以求必如所願爲快近日中俄交誼已不如
前實係英人搆煽使然假令早向俄國將此層揭破當不致成目
前局面今若再信英人墮其術中不與美使開誠布公說明更起
猜嫌則中國益孤力無助矣外人待我之情亦視我之應付爲轉
移前上條陳所以懇切言之意亦在此弟自海外歸來已逾三載
原不能執三年以前所見爲定案祇以天下事百聞不如一見英
美兩國人情純僞厚薄係得之親歷與身在內地僅憑外洋奏報

者不同蓋外洋奏報之不可憑實緣中國積習卽海外之事亦專在紙片上做工夫不在血性上做工夫也恃愛直言偷祈鑒察

上廖仲山尙書戊戌十二月十一日

凡事關國計者非有尺寸之柄無能爲役事繫民生者隨分可以自盡程子所謂一命之士存心利物必有所濟是也今日中華菁英所萃惟揚子江以南錢塘江以北十數州郡人文最盛財賦最繁地瀕大海亦往往得風氣之先欲求經正民興之道必當由此下手去年在里因見新說盛行士人爲學譸張怪妄懣然於心寡不勝衆決意北游冀得一容膝之地三晉風俗號爲樸厚尤所注意及今春渡滹沱入井陘抵太原見其地方貧瘠人物庸陋風俗雖樸無所取材以言政事則百度廢官吏以廣植罌粟爲足民自潤之計以言人才則士能究心經史者百不得一叩其所志不出豆區釜鍾之間然後知吾鄉之大可有爲江浙間十數郡洵中

華全國菁英之區也鴉片流毒已久世人往往擬之洪水猛獸之禍然洪水猛獸不久爲患者以有禹與周公治之也禹周皆聖人非後世所敢希蹤乃若其志則固學人所當志况鴉片一事禁之本易觀於東西洋各國成效可見固不得以洪水猛獸比今日中國欲求富强之術其速而易效者無過於禁煙顧有治本治標兩法治本則前上條陳杜土藥出產之源絕洋藥販運之路是已治標則仿照藍田呂氏鄉約辦法城廂以及四鄉一律禁開煙館廣設戒煙醫局務令未吸食者保全不染已吸食者悔悟速戒雖不能如治本之法收效神速然爲之不已俟以歲月此害亦可十去其五今　國家既無禁止之意則紳士力所能辦者祇有治標一法耳去年在里時曾與邑中紳士籌擬及此頗多同志因而考求本地實在吸食洋藥之數取土行帳簿核之計每日耗費洋銀在六千元外一月卽需十八萬一年卽需二百一十六萬元如能十

去其五則百里之地每歲存留洋銀在百萬元以外十年之後數逾千萬家給人足何圖不成能富則能强理固相宜且十室之邑必有忠信人之欲善誰不如我敝邑此事果能辦有成效計江浙州郡必有聞風嚮應者其於經正民興之道庶有冀乎職道材質駑鈍涉世多拙自揣不合時用獨此惓惓之愚幾如精衛填石負山未能一日稍忘南歸之思微志在此

上廖仲山尚書 戊戌冬

前條陳外交內治二端已聞人言謂與風氣不合與　朝廷意思亦不合夫不合風氣則洵有之至於芹曝之獻原爲　深宮未悉海外各國隱情與閭閻積年受困根源不憚覶縷上陳若　上意業已知之亦何煩疏逖小臣希　旨求合耶

上趙展如尚書 戊戌十一月

恭讀　諭旨敬諗我公拜總署行走之　命不禁爲之喜躍繼而

緦緦不無疑慮終乃釋然大有望於左右請畢陳其說頃年中外
交涉事件日益煩重而任事者往往互相推諉觀望以致積小成
鉅變易爲難我公氣概豪邁任事果決絕去因循巽懦之習以此
應事必能力更前軌此所以始而喜也然自淺見者論之鈞座平
日心厭洋人不喜談洋務恐此非其所願或勉强入署隨同畫諾
或鄙視異類不屑推誠則於大局亦鮮補救此所以中而疑也及
反覆思之我公平日所拳拳者罔非國計民生之大端今强鄰環
伺小有齟齬卽受挾制往往牽一髮而全神俱動事之關係國計
有迫於洋務者乎海內虛耗而洋貨之來日多一日其最受病者
則鴉片之毒已近百年蠹蝕中國金錢不可以數計事之困累民
生有甚於洋務者乎職道觀公曩撫吳中祇此實事求是之心至
誠所感民情翕然今推此心以交鄰國深思遠慮因勢利導使異
族之人亦感激鼓舞於不自知公年甫五十精力過人非同事諸

公比此後聯絡外交澄清內治胥於公乎是賴此所以終乃大有
望於左右也職道此次來京瞬已月餘如爲一身私計不宜久淹
都下第念千里赴闕若僅以奏對數語了事耿耿寸心自問殊多
未慊且以疏逖候選之員蒙　恩召見亦屬異數竊不自量前日
恭擬奏摺一通呈由總理衙門代遞第憾人微言輕限於地望疏
入留中未蒙　朝廷采擇施行伏念洋藥之害我公撫吳時知之
必悉姑無論民間失業傷生敗壞風俗諸弊即以每歲漏出外洋
之銀言之不下三四千萬兩職道籍隸江蘇金匱縣就縣境而論
延袤不及百里而每日購買鴉片之價計需洋銀六千元外一月
即需十八萬元一歲共需二百十六萬元合庫平銀約一百五六
十萬兩此係查考本地販運煙土鋪店帳簿實數非約略之詞僅
百里之地而耗費若此沿海州縣計以百數其耗費又可知假使
革除此弊百里之境每歲能餘存銀一百五六十萬兩自然家給

人足百廢俱興此洋藥之禁斷不宜緩者也土藥之害已詳前呈山西禁煙論中秦中爲公釣游之地渭川八百里徧栽毒卉其病民耗財左右所知必較職道爲尤悉無待贅言區區愚見今日救時之策自以富民爲先務而富民莫捷於禁煙茲將昨上條陳草稿呈覽祈公垂念斯民力拯積弊如得嘉謨入告必能上回天聽迴非草茅下士可比語曰非常之功必待非常之人臨潁不勝惓惓再近年無錫金匱兩邑每歲蠶繭之利豐收之年約及洋銀三百萬元少亦不下二百萬元計其所入適與鴉片所耗銀數相抵民間自種桑以訖繅絲種種辛勤祇與鴉片交易而退地方有此大利而仍無富饒之象現且不能支持日貧一日此外無利可興之州縣甚多其爲害何堪設想此患不除中國之民決無轉弱爲強之一日職道去年在家曾與同鄉紳士議立禁煙公會廣設戒煙醫局僉謂不奉　諭旨礙難舉辦頃來京師每與縉紳先生

言及禁煙一事人人知其害人人憚其難不思時至今日國勢貧
弱如此欲圖振興之方豈有容易辦法此刻惟立定主意以不畏
難三字作宗旨以因禍爲福轉敗爲功八字作關鍵寸陰必惜一
息不懈思之思之鬼神通之精神所至金石爲開國計民生庶有
豸乎職道十四年前寓京時惟見朝邑閻文介公往往縱談移晷
亦無旬日不見之時我公立　朝行已本末不亞閻公用敢一再
奉瀆尙希鑒原並祈采納爲幸
上趙展如尙書 己亥六月二十八日
晉陽遄返旅寓如恒感時事之多艱懼修名之不立韶光易逝玩
愒懷慚祇有振刷精神自矢勿虛明望而已前在京時曾擬一禁
煙公呈稿求正初意欲合江蘇一省籌之頃思通省人多意見參
差築室道謀此必無成不如專就無錫金匱兩縣倡辦衆心較能
齊一現已將此稿後半篇改過並排印數十册寄回家鄉與邑中

諸紳士妥商事關兩縣不能不詢謀僉同愼重出之儻此議上聞得奉　諭旨雖於鴉片之害未能拔本塞源而其利約有數端一游惰之人日少民務本業風俗自能返樸還純二忠愛之性日生民知大義人心漸能化頑起懦三耗財之流即節上下富樂國勢自足建威銷萌惟是天下大計竊不自諒欲以一書生之志力就百里之地倡之未免近愚然精衛塡海愚公移山從來至艱至鉅之事必有志而後能成道光年間朝臣論鴉片之害謂甚於洪水猛獸今又六十年矣甲子一周物理亦窮而將復自古運會貞下必又起元安知今日無大禹周公其人能力除洪水猛獸之患者乎默數當世賢豪非公其誰與歸茲將排印之稿奉呈鈞覽儻其中尙有窒礙難行之處敬求賜誨以便改正無任企禱再近聞八言五月初當路建聯倭之議國書已發樞府尙未得知不審果有此事否竊揣時論必以英俄近有聯盟之事謂歐洲兩大既已締

合則中倭同在亞洲亦宜締合以爲聲援此可謂不達事理者矣無論倭人狡詐決無眞心和好之意即使彼怵於俄患冀我同當其災然陽爲助我以防俄陰實間我以挑俄但使中俄之交一離彼即譸張反覆惟所欲爲不可究詰矣職道妄謂英俄聯盟一事仍是貌合神離之局於中國目前實無妨礙緣兩國決不能說到一處也

上趙展如尙書 己亥十二月

恭讀二十四日 硃諭愼簡元良以定國本此 宗 社之福也乃日來無識之人惑於流言輾轉揣測昨聞上海租界紳士曾有電音至京又我駐美使臣伍廷芳亦有電達總署謂美國詢問此事又聞各國駐京公使意存干預云云道路謠傳不一而足此係中國內政與外交無涉凡言外人欲干預者此奸人恫嚇之詞不可聽也惟查各國交際通禮遇有應行慶賀之事必當偏爲知照

此事譯署似宜從速照會各國在京公使並電我國駐洋使臣行文各外部措詞務須正大得體似宜以　皇上已屆三旬萬壽而尚前星未燿爲言不必照前日　硃諭措詞其致賀與否則聽之則外人猜疑之見自泯至草野無識之人如上海紳士等雖輕舉妄動罔知大體祇可包荒不宜加譴竊維　國家累葉重光二百八十餘年自天命至同治十世相承爲唐虞以來所未有　皇上自旁支入承大統光緒初年人無異詞今玆浮議紛紛皆緣康梁徒黨煽其餘毒　朝廷惟以寬大鎮靜處之必能不動聲色而措天下於泰山之安抑更有瀆者前日　硃諭出自聖衷不妨過示謙挹若此後樞廷秉筆似宜爲　皇上一面寬留地步以杜奸人讒慝之口且戢異族窺伺之心一得之愚伏維采擇

與李豫嚴

前接惠書具見籌慮周詳關愛肫切至深感激旅邸少暇尙未奉

復茲將創辦此事之意爲兄詳晰言之弟之究心洋務自同治甲戌臺灣一役始前此固懵然也丙子三月赴京兆試始有四方之行嗣後十年之中徧歷齊魯燕趙秦晉越蜀之地所見不乏當世賢豪及考其立心行政與詩書所載異矣丙戌之春隨使美國凡他人驚訝爲奇特者以弟視之皆吾詩書中固有之義也竊歎中國斵喪而失其本眞外國樸野而葆其元氣以爲海外各邦大率如此及庚寅至英所見乃又迥異其詭詐浮薄不殊中國而損人利己之心殆百倍焉非鴉片一端之禍我中國也嗟乎事非身親目覩不能知其詳非思深慮遠不能燭其隱回憶前日與弟同游兩國者何止數十人試一叩之彼固漠焉而無所覺也而況身居中土僅憑一二譯出破爛不全之西書參閱數十册雜亂無文之報紙乃遽囂然自命爲通曉西國政治且欲紊亂我中國之紀綱法度此弟所以每一思之而扼腕太息者也大運循環無往不復

亂極思治自有其人而圖治之機必自禁吸鴉片始馬關和約賠款二萬萬當時鄙意此款不能不暫借洋債而欲歸還洋債非杜塞異域之漏卮則必四海困窮而後已上年昭信股票之議起曾以此意草成一牘會有晉陽之役未及上聞至秋奉　召來京條陳時事即舉此爲內治之本其稿兄具見之然初意馬關賠款二萬萬即使子本侔相度亦不過四萬萬及今春見海關每年償還洋款本息盈絀表幾及八萬萬且必歷四十五年之久而後償淸乃大駭且大憤思求所以補救之策及報仇雪恥之方則禁吸鴉片一事實不容再緩始猶欲合全省同志之人圖之顧舉世滔滔惡直醜正駭聞此議鮮不驚且怪者於是乃返而僅求諸吾鄉冀先合兩縣之人圖之不揣綿薄實冀挽回氣運由近而徐推及遠惠書所示各節實獲我心其謂天付處此世者萬難之局仍欲以安然無事之心處之恐人有巧拙而皆未能必出萬全此數語尤

爲不磨之論時局至此惟有認定不畏難三字無論在朝在野尙
可努力做人昔咸同之際海內多故湘中豪傑如曾胡左彭諸公
出死力以剷平大難人才萃於一隅而收功極於天下今讀諸公
往還書牘力搘危局奔命扶傷之狀猶爲膽戰心驚夫夷禍大於
粵匪而禁煙易於打仗舍此不圖而謂別有救時之策其可信乎
吾輩束髮讀書除國計民生之外皆非所措意顧國計必遭時得
位而後可以與聞若民生則隨時隨地無不可爲者程子謂一命
之士存心利物必有所濟是也鴉片之害果除益於國計者猶少
益於民生者無窮弟今日手無斧柯即欲竭誠爲國其道無由姑
以此大聲疾呼爲天下倡則爲民亦即爲國也鄙性不善治生數
年以來一身私計誠爲窘迫顧獨默念我意方欲拯天下之貧民
各遂其生諒彼蒼蒼者亦決不絕我之生不過家人婦子稍受困
阨然使兒輩艱苦或能奮發自立克綿先澤亦未爲失策乘槎之

舉前雖有　旨存記而簡放則未可必即使得之今日所處亦極難耳枉尺直尋則吾豈敢然非古道如兄孰肯以此言告者人之相知貴相知心天下雖大求如我兄之愛人以德豈有第二人乎寒夜獨坐呵凍書此以當面談

與王旭旦　庚子五月

昨奉惠函具紉良友忠告之盛心感佩無已尋繹吾兄一再賜書之旨蓋未嘗不取其志而特憫其愚且慮其以此自困是其見愛之深超軼尋常萬萬豈獨賢於腹誹及背後訕笑之儔哉顧此事之難弟非不知之自上年五月初十日在太原節署草就第一次公呈稿寄至都中與同人商榷都中諸友即以爲難後貽書與家鄉諸君諸君復函亦慮事體所關者大恐辦不動十月入都與京朝老於事者言之則無不訝以爲狂非匿笑則駁辯求如老兄之委曲相諷者不可多得也數月以後屢晤屢談衆情乃漸釋然蓋

自道光庚子海上肇衅以來至今六十年中國之隱忍包羞甘爲人下未有甚於今日者也夫洋人以其酖毒貽禍中華我受其害彼享其利及其禍我既深知我不能自拔則轉薄我爲無敎化之國而彼乃靦然自命爲文明之邦然而今日中國士人未有痛斥其非者反以爲其語誠然甚至創爲瓜分之說而亦相與安之嗟乎此何心耶此豈戴高履厚自命爲人者所宜然耶昔郭筠仙侍郎嘗言西洋與中國搆衅之始由於鴉片推原禍端宜如何創鉅痛深以示毋忘國耻之義弟每歎其言之探本爲不可及也夫存一毋忘國恥之心則凡耳目所及一榻横陳吞雲吐霧之處皆激吾中國人報仇雪憤之處也來函舉印度土商及上海老新沙遜洋行以及青蓮閣之煙霞窟宅無不據此以爲利藪凡閣下之所聞見者皆弟所聞見者也顧閣下第曰付諸浩歎已耳夫僅僅一歎亦何裨乎彼誠禍我我能救止斯禍此上策也既不能救則姑

訟言其禍使一世之人求其脫焉用力雖勞不猶愈於束手待斃乎今戒煙局之設亦欲使人求自脫之意也亦由在上位者不思救止斯禍故竭吾輩之力僅僅爲此一事以冀逐漸推廣收效於當世也其與遭時得位而欲救止斯禍者難易至不侔矣然而吾輩於此果能存一不畏難之心則又何事不克濟精誠所至金石爲開要就吾分之所得爲者而毋越思焉如農夫之有畔則可矣閣下所慮抗官等事則越畔之思弟決不出此也雖然弟即不畏難同心者固無多八儻閣下能移其浩歎之心爲不畏難之心兄才十倍於弟則布置經書必有條理此眞吾邑之幸而并不獨吾邑之幸也語曰德不孤必有鄰其信然歟弟平日不善治生勢難久於家食俟此事辦有規模即當移交同志閣下其有意乎

致邑人士

周官大司徒以鄉三物教萬民而賓興之一曰六德二曰六行三

曰六藝德行居先文藝居後古人登進之途未有不由於此者也孔門四科首列德行漢世興廉舉孝猶有崇尚行誼之意隋唐以來始用科舉自是專取文章歷宋至明登進之途日以偏重而人心風俗其純厚亦遠遜於古良可慨也吾邑東林書院創於明萬歷年間當時顧端文高忠憲兩公以講學爲東南倡士以氣節相高自明季至　國朝乾嘉年間邑中人士猶以經明行修爲務近百年來風流歇絕士於八股試帖之外不復研精經史而立身行己之大節更無論焉近年各處創設學堂意在補偏救敝而學不本諸德行則支離蔓衍其甚者至尊西抑中謂四書五經可緩讀蒙養之基已不能正又何論他日成人以後哉東林舊章山長必延本邑紳士爲之向以科第爲重近年陶先生蓉初始以明經主講此席蓋由邑人厭科舉之陋習思明實學以救之數年來人無間言惟所以課士者仍祗論文而不論行士能束身圭璧者卒鮮

本年春間陶先生擬添課時務算學分修脯之半招邑中高才生校閱議不果行竊謂算學僅藝之一端時務非呫畢之士所能空談近年滬上各報館流弊已可概見不如延聘德器渾厚行誼純固之師以爲矜式吾邑李先生豫巖忠節之後天性孝友修身治家皆有法度可觀其教授弟子亦本末兼賅多所成就現擬公請李先生與陶先生同主講席陶先生專課邑士之文李先生兼督邑士砥行立品以身教不徒以言教常時下榻院中除陶先生課期之外士子皆得以燕閒之日就而考道問業檢束身心庶幾經明行修近追乾嘉先正之遺風遠紹顧高大賢之學脈以符周官三物德行爲先之義其修脯即如陶先生之議各分一半毋庸另籌凡我同志以此議爲然者請各署銜以便函告邑侯修書延聘庶幾人心風俗漸可挽回且以一隅爲海內之倡云

復庵遺集卷二十一

無錫　許珏

書札三

上蘇撫鹿滋軒中丞 庚子

竊自京津拳民發難外夷交訌電音郵報均不得達草野之人莫聞京華消息而忠愛之性薶人所同北望　闕廷杞憂莫釋鈞座懷忠發憤奏統勁旅星馳入衛以明臣子致身之義海內人士孰不悚然動容珏雖疏逖無位之身然同仇偕作之義聞之已稔自維三度隨槎十年海外於鄰交敵勢離合嚮背粗知要領亦由國家培養而成緩急之秋誼當不避患難自聞警耗瞻望京國不能奮飛茲幸旌麾北上竊願執鞭以從藉抒小臣葵藿之忱兼備大賢葑菲之采儻鈞座嘉其志而收錄之攜挈同行無任感激之至

上鹿中丞 庚子八月德州旅次

旅次暫憩靜念時艱感懷千里提挈之恩尋繹一再勸留之意捫衷自省佩德靡涯竊意目前時局誠有類於伏邪恐其內陷猶幸體質素堅元氣尚固誠能扶本祛邪未必遂令和緩束手昨在道中車行困瘁又所聞情事言人人殊不敢遽持芻見上瀆清聽茲已休息數日得閱邸鈔參以近聞謹就管蠡之見別紙錄呈鈞覽職道此行原因激於同仇借作之義投袂請從感公愛惜欲爲保全第竟不入都則此行亦殊無謂擬俟溽暑稍退仍北上以符初心愚人千慮容有一得當稍竭駑鈍仰贊高深知公必不見責也

與鮑潤漪 庚子

別未半載時局一變至此 翠華西巡聞兄隨扈入關敬維急難從公馳驅報國此人臣之節亦志士自見之秋也秦中自古帝王州然由唐季褻亂以來迄今千年無卜都於此者近則渭川八百里膏腴之地徧栽罌粟風俗如此人才可知其窳敗委靡想不亞

於上年晉中所見各狀安得賢豪之士相與戮力定興中丞奉
詔北上勤王弟激於同仇敵愾之義投袂從行六月初八日由錫
起程七月十二日行至德州聞都中亂象愈甚中丞諄勸暫緩入
都言之再三且云俟到京發函知照後再去弟感其意遂允留德
以待後命適同鄉楊仁山挈家寓德就下楊焉方擬休息旬日整
裝北上迨二十三日聞　乘輿西幸消息二十五日聞京城不守
之信二十七日得鹿中丞書知行抵琉璃河折回保定取道房縣
阜平入山至五台迎覲其於弟之行止但云請自酌奪未下斷語
弟意溽暑遄征已行二千餘里計德州至太原爲程僅一千三百
餘里且係頻年熟遊之路既不入都自應趨叩行在而同鄉寓德
諸人咸以此時西行於事無裨又沿途游兵潰勇紛紛南下單車
獨行亦頗不易羣來阻止仁山見弟終日憤懣謂不如遄返故鄉
以大義激發同志或有機緣可圖無爲久客於外自取憔悴遂於

月杪結伴同行由水路南旋八月初三日行抵臨清泊舟河干意中尙戀戀不忘行在時時欲西會周衡甫惲孟樂兩同年自京來亦以入晉勞而無益均力阻之寸心始決泊臨清五日黃河水尙未來不能久待初九日遂與仁山別登陸逕趨濟甯州十五日卸車既晚登舟是日爲中秋佳節孤舟獨宿感念身世悲憤抑鬱不可爲懷中夜猛省此時惟有人定勝天四字尙是轉弱爲強妙訣立身經世一以貫之利害得失絕不計較吾吳本人才淵藪近數百年來失之文弱遂令陸宣公范文正李忠定一流人不得再見亦吾黨之恥也自前月杪在德州啟行後途中絕不聞時事晉耗惟初十日過東昌在一同鄉處聞　乘輿已到太原駐蹕又聞各國已允議和獨俄德兩國未允不知確否鄙意此時　鑾輅已西和議之成遲速無關大局要當先定議和宗旨耳

上鹿大軍機　庚子

此時南省人情均盼和議速成則巢幕之燕可冀安棲而傳聞各
國所索條款類難應允即如　回鑾一節此刻京城殘破敵兵未
退語云千金之子坐不垂堂豈有　萬乘之尊可以冒險輕蹈危
機其難一也賠償兵費至數百兆之多取之於公帑則大農早已
告匱借助於民力則中西風俗絶異明季加徵遂餉遂成流寇之
禍可爲殷鑒其難二也且各國必以用兵之久暫分賠費之多寡
如是則我受禍最深之俄倭德法所得必多始終未與我用兵之
美國所得最少厚以待仇人薄以酬友誼事之不平莫此爲甚其
難三也即此兩款已具三難此外無理之要挾更不必論磋磨日
久徒啓戎心風聞北路洋兵有分兵進犯晉豫之説又聞南省有
假道長江之説雖謠傳未可盡信然亦足見和議一日不定則變
端百出未來之事難以逆料愚見此時扼要辦法約有兩端一曰
與各國次第議和以解散其合從之謀首與美國議約請其持平

辦理美未嘗乘我之危淩辱於我居心較爲平恕美約不大吃虧
即他國亦易仿照次則俄國俄入京後首允退兵雖東三省遭其
蹂躪辱侮雖堪然衅由我起祇能含忍且俄爲各國所畏能以柔
道制之俄既就範各國轉圜亦易其次則及英英與俄勢不相下
先俄後英彼或不顧但告以此舉專爲俄歸還東三省侵地故不
得不先俄英亦可無辭美俄英三國既已言歸於好法德本不相
合倭雖譸張爲幻亦必見風收帆此中孰後孰先在議和諸臣臨
時相機斟酌約既分定則利益均霑一語卽可删除此與各國次
第議和之大略也一曰請鄰國居間議和以消化其狂悖之隱今
全權大臣慶邸爲倭保護合肥爲俄保護俄倭兩國情同仇寇決
不能說到一處然俄悍而倭狡俄可以情動倭不能以理喻查外
人所索之款如請　慈聖歸政不用滿人爲督撫及各省財賦均
用洋人經理凡此等狂悖之言美與俄兩國斷不出諸口即英法

德亦未必爲之大抵倭人陰聽康梁死黨發爲此說故意嘗試度我亦萬不肯允以冀相持不下及支吾既久中國將此數項駁去而他款一一允行則在彼所得已多此實倭人之隱情也查中美條約第一款云如他國待中國有欺藐不公情事美願爲之居間和解此約定於四十年前當時止一英國侮我美已爲之不平故首載此語以爲結歡中國地步今各國連兵荼毒中華而美除保護使館之外未肯輕用一兵此其恪守約章之意已可概見竊謂

朝廷如電遞國書請美總統派員就近來華隨同排解則凡倭人狂悖之言不攻自破此外各款會同慶邸李相持平酌辦完結必速或謂七月中旬美國曾致書中國表其勸和之意當時中國置之不答美廷因此不悅此刻求美相助恐未必肯從不知此說確否竊謂七月間政府心煩慮亂之際自無暇理會及此今不妨認明謝過懇其相助竊料美國必不因前事芥蒂此請鄰國居間

議和之大略也職道反復籌思果能如此辦理雖不敢謂和議之

成確有把握特較之目前束手無策聽人劫制似爲稍勝特南北

暌隔局外之論未知與局中情事是否脗合姑竭芻蕘之愚上瀆

鈞聽用備采擇再前在德州因奉垂諭諄諄從緩入都未及隨行

歸里之後蒿目時艱而鬱鬱家居無從自効私念十年海外稍知

各國大略亦由　朝廷培養而成際此多難之秋不容自逸剏

天子蒙塵尤非臣下安居之日刻擬取道淸江由豫入陝計多至

前後可抵秦中明知祁寒遠涉道路多艱幸精神筋力尚足支持

聊以自壯所有縷縷愚衷俟到後詳晰面陳

上鹿大軍機

昨聞　密諭秦中起造宮殿管蠡之見以爲此時祗宜作一離宮

不必作定都之計數年之後如洛陽金陵等地方或再營一二處

以示歲時巡狩不常厥居之意而仍以順天爲根本郊廟之位宮

司之署悉如其舊太平暇日照常駐蹕庶可戢外人窺伺之心若遂定都秦中則外洋各國駐使勢必接踵而至緣彼所以駐京者因兩國交涉之事須與政府相商我以陝爲京都彼亦就陝營建使館數年之後西安城中又一東交民巷矣惟作爲離宮則無此慮此事極有關係非僅爲一時惜費起見望公造膝密陳

上趙展如尚書 庚子

時事難知不意數月之中竟有此大變回憶京邸叩辭之日春光駘蕩景物雍和時聞有 駐蹕頤和園之說竊慮天時人事未見其可公亦愀然憂之由今觀之人心敬肆之機息息與造物者相應可不懼哉自古殷憂啟聖多難興邦矧我 朝厚澤深仁二百五六十年爲列代所未有指日收復京師 翠華東返 中興景運可以理決雍州地處上游河山百二談形勝者豔稱之然自唐季衰亂以來迄今千年無卜都於此者近則渭川八百里徧栽罌

粟風俗如此地脈可知我公秦人慮之必審九州方輿甚大海疆偶警無與本圖若遂阻關自守置東南於不問外則海國憑陵瓜分之說將驗內則督撫桀傲藩鎮之勢必成從此偏安一隅眞成小朝廷矣旂分八面下秦州此等歌謠起於嘉道之間明係當時作亂之徒造言惑衆豈可引以爲證遽信數由前定耶

上趙展如尚書 庚子十月

閏月初旋里後目見耳聞彌多感憤家居一月抑鬱無聊重陽後至上海又至金陵與士大夫相語大率以東南免禍爲幸而不以京畿羅毒爲恥惑新舊之政見昧中外之大防恒舞酣歌一如平日語云哀莫大於心死其此之謂乎職道十年海外頗與洋人相習竊謂吾華此種風俗此種政事不獨見斥於聖賢亦恐貽譏於異族是以決計入關二三知交以秦中歲歉冬月天寒交相勸阻愚見此次 乘輿播遷實中國非常之變吾輩朋輩交游偶聞其

家有急難失意之事亦必親往臨視始釋系懷矧　天子蒙塵豈食毛踐土之儔轉可漠焉相忘非惟不忠自待亦薄至職道入關之意則以自古殷憂啟聖多難興邦乘此創鉅痛深左右大臣啟沃　聖心早定所嚮有數百年之計有數十年之計有不終日之計毫釐所判榮辱懸殊此中得失統俟到日叩謁面陳

上鹿大軍機 辛丑

所擬條陳業於今晨在都察院呈遞惓惓之愚此時總以感通上下之情爲先若　朝廷有恤民隱之心而臣下無紓國難之意是猶以慈父而養驕子亦非興家之正軌試辦國債看似損下益上實則上下交孚之道不外乎此就廣東辦起者因瀕海各埠人心不明大義而上海浮囂尤甚陶制軍在今日自是鐵中錚錚如有寄諭可行與否當必據實直陳處此時勢種種籌款之法皆成强弩之末惟國債一節風氣未開而爲利甚普若顧後瞻前誤認

爲頭會箕歛之策不敢舉辦適自困耳

上鹿大軍機 辛丑五月

國債風氣不開非獨中華禮義之名徒成虛語自後並無自强之機今人動謂中外强弱不侔由於船堅礮利職道則謂所以不侔乃在尊君親上之誠彼族上下一心而我臣之視君與民之視國泛泛然若越人視秦人之肥瘠此豈周孔以來聖賢垂訓所及料耶鈞座感念時事亦慨人心不古竊謂人孰無良特因習俗所移不自知愧耳茍有大聲疾呼者激發其天良則十八中必有一人附從者其深閉固拒者不過二三人其餘六七者則皆中無定見可轉移者也今欲試辦國債如遽謀之坐擁厚貲之顯宦則萬不能行僅謀之於商賈尚易爲力欲求著名之富商巨賈亦自無多但求中貲小康之家正復不少管見擬以百金爲一票必其歲入所餘力足購此者方聽承領須其自願不强發給事由紳辦官但

爲之綜核奏聞不經吏胥之手如此差少流弊通年六釐行息較之存於各口岸銀行三四釐息所得已贏果能動以至誠不患人情不奮大約初年但行之於通商口岸第三四年即可推廣於近口岸之內地矣或謂六釐行息第一年收銀一千萬給息六十萬實得銀九百四十萬固爲合算至第十年給息六百萬僅得銀四百萬矣至第二十年給息一千二百萬將何以應之此說甚屬拘泥大凡理財之道因時制宜本無一定職道愚見此項六釐之息初年擬給予現銀至五年之後可由戶部精製銀票發給如西國用楮幣之法此項銀票准其完納地丁漕折鹽課釐金但能上下通行即不至失信於民計自第六年起至第十年應陸續給發銀票二千四百萬十年以後或現銀與銀票分成給發總之中國於理財之道果能精心振作十年後之入款與目前局面自迴不同須屆時酌度情形再定又查外洋各國金銀楮幣虛實兼權而楮

幣流通之數視現銀多不啻數倍中國近年度支出入銀款以九千萬爲率如能行使二三千萬銀票則一切出納周轉國用較爲寬舒但須持之以信守之以恒耳或又謂賠款洋債息僅四釐償賠款之國債息乃六釐殊屬非計不知洋債者譬仇家取盈之款至期不償則足以肇衅國債者譬子弟私蓄之財臨時支絀則可以別圖且給以息錢仍在一家之中雖多予之不爲失計也況中國前借俄法英德各款幷折扣核算利息均在五釐外此次四釐之息乃於賠款上加息償還非謂借洋款祇須以四釐行息也現擬試辦國債祇求商民急公願借國家守信不渝便是上下交孚氣象他日自強之本必基於此總之國債非洋債之比法國幅幀視中國不及十分之三其國債之數乃比中國多至八倍而法國之强自若美國國債前曾還清因近年古巴小呂宋之役刻又驟添國債比中國多至二倍而美國之富自若茲將光緒二十六年

各國戶部國債表鈔呈亦可知其大凡矣洋藥拆包零賣後仍可
抽釐此係明載約章有案可據必應速辦毋庸疑慮昨謁王中堂
言及總署案卷閒多遺失茲將篋中所攜曾侯摺稿鈔呈幷附洋
文中英續訂洋藥稅釐幷徵專條一紙如此間有能繙譯之人即
可令其譯出萬一總署此件案卷已失倫敦使署案卷現存可電
告出使英國大臣速鈔華洋文字各一分送京備查亦非難也至
職道所陳每洋藥十六兩加抽銀一兩一錢合之每擔又得一百
十兩之數必有人疑其抽釐太重恐不能行者其實不必疑也查
閩海關貿易冊近年洋藥每擔價值六百二三十兩加入稅釐合
銀七百三四十兩計每洋藥十六兩需銀七兩三四錢茲加徵賠
償兵費稅釐一兩一錢亦不過八兩四五錢而已所增多於舊價
僅七分之一吸煙之人斷不至因此受窘且果憚其價昂又何妨
減吸七分之一以自便耶惟土藥必應加徵庶可以服彼族之心

而杜嘵瀆之口且土藥之毒烈於洋藥僅議加徵已屬第二義昔
左文襄有言洋藥宜徵重稅使其價極昂則吸者自少土藥祗有
不許栽種一法隨時隨地痛斷根株方能保全貧民不至受害其
言最爲扼要大抵民生謀食之方無論智愚强弱總憑心思筋力
爲用東南之民其强不如西北而心思靈敏西北之民其智不逮
東南而筋力壯實自山陝一帶徧栽罌粟比戶吸食近三十年來
蕭條貧弱雖壯夫亦同尫瘠一遇災荒饑饉死亡不能復存故山
陝兩省近來客民日多土著日少此何異自設刃網芟薙而禽獮
之也今者　鑾輅西巡省方問俗適値兩省同時告災蒼蒼者殆
非無意大抵截漕發帑賑之於既荒之後所益有限不如正俗坊
民禁之於未災之前其利無窮聞兩省土藥稅釐報明戶部者每
歲不及三十萬是區區者何濟於國用如爲正本清源之說不若
明降　諭旨嚴禁種植最爲上策藉曰不能固宜重徵稅釐以示

懲創而官吏侵漁之弊尤不容不搜剔淨盡也率臆上陳語多戇
直惟鈞座憫其愚而鑒其誠無任企禱

上岑雲階中丞 辛丑

晉省開鑛事關盂平澤潞四屬地段散漫所訂合同頗多漏著平
陽開煤油一條尤爲節外生枝此係總署添入非胡中丞原議義
國商人羅沙第赤貧如洗與英商勾結譸張爲幻將來轇轕必多
戒煙一事晉省官民煙禍之深甲於海內鈞座深謀遠慮思欲力
障狂瀾此尤職道所樂聞者惟是晉省吸食傳染之多實緣種煙
地畝之廣猶憶光緒三四年間隨朱笙甫學使按臨各郡時曾忠
襄閻文介兩公合疏請禁民間亦頗知悔毒卉芟除過半彼時種
煙之區未及今日十分之一迨光緒十六年戶部奏土藥爲中國
出產大宗請以徵爲禁由是栽種日繁而大吏比較逐年收稅亦
以增多爲勝任愉快則今之滋蔓難圖不能不歸咎於當年開府

諸公也查晉省土藥一宗合畝捐商稅坐賈釐金各項每歲祇收銀二十五六萬兩而貽全省人民以無窮之禍鈞座誠能及此回鑾之始痛哭流涕爲朝廷一言乘變法之際力請改絃更張爲拔本塞源之計俾三晉殘黎復登仁壽之域則公之功德詎可量耶

致李豫巖秦牧卿壬寅十二月

書院之改學堂雖奉詔書宜有斟酌蓋從前書院所課者原係成材不過就其中甄錄佳士與院長收教學相長之益院長得人儁才自出而脩脯膏獎經費不多所爲用款約而收功博也學堂辦法各省既無一定之章省會大府名爲遵旨奉行實則虛文敷衍州縣更無論矣然言其次第必先有小學而後拔其秀異者入中學有中學而後拔其秀異者入大學此則一定之理古人八歲入小學今鄉里之間農畝市廛之中因父兄貧惰而子弟及時

不學者一縣何止千人弟意吾錫如議設學必應從此下手姑以千人爲額設小學百所延師百人每師課徒十人設學之地隨城廂道里遠近酌定務令與學徒附近不得在一里外每學延師修膳兩項一年以一百二十千文爲額按月致送十千先期令學徒報名造册但令自覓正經紳士保送不用花費一錢其師長不必求學問淵深但曾應縣試文理清順者均可應聘却須有耐性習勤苦明白道理者方不誤人子弟緣此小學學生肄業其中不過二三年其稍秀異者卽須拔入中學也中學應設幾所當以秀異之學生多少爲斷既入中學又二三年方挑選入大學所謂大學者即如吾邑向有之東林書院而今日　詔書所稱學堂是也小學學堂之課本祗誦朱子小學及四書正文不必讀注中學則五經之外兼講史鑑不必作文入大學後始課令博覽經史多作策論如有西學書籍亦聽兼習此弟意今日里中設學之大略也設

小學百所每年應需經費一萬二千千弟在里時每年允助經費洋三百元即擬作此項小學之用後見範甫交來捐簿有竢實肇興東林繼改等語私心竊不謂然故將捐簿送還未寫鄙意今日士人侈談新學風氣大變偭規錯矩後患殆不勝言果能廣設小學既導無力讀書之子弟率循規矩且俾貧寒失館之老儒贍養少懷之心實未嘗不隱相吻合是用少竭棉薄爲鄉里之倡若竢身家至於求出類拔萃之才原未必即在此中而揆之古人老安實學堂之辨法凡來學之子弟既須自備脩金且頗豐厚此則未便勸捐招人指摘管見如此不知兩兄以爲然否至於東林宜定如何課程應請豫兄主裁弟遠隔重洋未便揣度也

復庵遺集卷二十二

無錫　許珏

書札四

上鹿大軍機　癸卯三月

賠款不足擬改關稅用金一節義國政府雖經允諾而仍以不便與同好諸邦歧異爲言竊揣此事必欲各國一律允行恐難就緒轉瞬第三批賠款屆期不知外務部如何應付珏謂與其議關稅用金苦受各國牽制何如按照曾惠敏續訂條約但與一國磋磨前接倫敦禁煙會紳士來函深以上年英公使領事阻止粵東膏引公司爲非謂此事必應設法辨駁渠願幫同出力並附來赫德庚子年寄回倫敦之函內言拳匪肇亂咎由鴉片各件茲將此件譯鈔呈覽原來洋文一併附呈大抵今日外人之見如中國因賠款不敷就洋藥土藥議加稅釐均視爲天理人情至當不易之事

公論所在即英政府亦不能飾詞堅拒較之議關稅用金收效迴
不侔也昨接楊主事道霖來函云大部議開銀行擬仿照日本辦
法鈞座意在參考西洋各國銀行章程囑就近訪察譯送以備采
擇頃已覓到羅馬銀行章程飭員速譯約計半月後當可繕呈此
事實今日理財一大關鍵銀行既設即國債票亦可通行尤於財
政有裨肅泐附陳

上鹿大軍機 癸卯八月

大部議設銀行已否議有規模向來中國仿行西法之事商辦則
無群力官辦則無實心是以利未見而弊已叢生今鈞座審慎於
先必能收效久遠敝處所譯義國稅則業於前月咨呈外務部並
另册請轉咨大部册中所載徵榷之法至纖至悉視中英新定通
商稅則疏密迥殊因摘錄要義八條別爲一册附去茲另繕清摺
呈請察核內重徵煙稅一條中國似可仿行溯自辛丑歲驟增各

國賠款之後除大部所指裁減之款及各省關應解部庫之款六百餘萬兩此外皆款非素定取辦臨時其最病民者則房間捐輸按糧加派二事刻下甫及兩年人心騷動聚衆滋事已非一處而所入亦殊有限若不及早改圖恐不待三十九年後患已不堪設想愚昧之見必須另籌大宗歲入之項庶可裕償款而安民心日來取曾惠敏續訂洋藥稅釐幷徵專條反復玩索察其用意已早伏後來修約議加之根今日如據此聲明辦理並非無因且查中英新訂通商條約內第八款第四節所載新約舉行之後既無藥釐名目則此專條不廢自廢屆時欲議加稅須待十年之後實恐緩不濟急且置現行專條不用亦辜負惠敏昔年定約時一番苦心是以不量疏賤本日謹具摺上陳請仿義國稅則重徵煙稅摺片中已詳敍者茲不贅述竊計此奏必交部議人情畏難樂易深恐部中過於審慎不免延緩時會一過欲議無從敬懇我公鼎力

維持剴切爲邸堂言之目前各項籌款俱成弩末幸有一綫生機倘可設法萬勿誤聽浮詞自爲阻塞無任盼禱

上鹿大軍機癸卯十月

前上摺片未審外務部已代遞否世俗之見或謂今日局面似非議加煙稅之候但光緒十一年訂此專條時洋藥計價每箱不過銀三百餘兩現已增至八百數十兩目前計價加稅揆情度理均無不合且所加者仍取諸吸食之人亦於外國無損昔年曾惠敏函告譯署總辦云中國議鴉片稅釐之案無論如何堅執英使祇能以言語糾纏斷無因此肇釁之理蓋英國用兵籌餉權在下院議紳必不肯因印度煙事致失兩國之和此眞破的之論珏去年到義後與倫敦禁煙會紳往復通函會中即以逐漸加稅宗旨相告且謂寓禁於徵自是外洋通例足見加稅一事可放膽辦理也東三省事一誤再誤竟至如此可爲太息珏自聞俄兵復據瀋陽

之耗輾轉不寐者數夕嚣使來函謂非口舌所能爭竊念時局阽危至此同使海外不宜各分畛域惟此中曲折竅會非至俄不得其詳是以電達外務部擬赴俄一行旋奉復電謂部中正在磋商無須赴俄不審近日商量如何有轉機否東望神州杞憂曷極玨來義一年此邦交涉事簡無待折衝即譯書一節考察彼國政治爲吾華借鏡之資亦不過藉以消磨歲月官閒祿厚如守括囊之戒循分以待三年差滿於一身私計固所甚便第回首昔年患難之際隨侍旌麾北上當時意中復何所圖祇以自問於應付外人一端粗有所見冀稍裨時局而已今玆所陳如議加煙稅赴俄轉圜均非分內之事若練習世故稍存避嫌之見皆不當出諸口但一則可增千萬鉅餉俾償款有著各省掊克之政可除培元氣於無形一則開國發祥之地存亡已在呼吸得失之間不容毫釐而外人玩我於股掌之上者亦不當墮其術中爲天下訕笑用是不

敢默爾而息一再瀆陳然亦不願以出位之思重招尤悔負我公以人事　君之盛心昌黎詩云嗟哉何所憂所憂非吾力每誦此言聊自寬解

上鹿大軍機　甲辰二月

日俄兩國開衅至今倏逾四旬外洋日報所傳海軍接仗數次陸兵尚未登岸懸揣目前大局內地人心當尚不至搖動惟曠日持久則我東省受禍愈深今兩國既擬以東三省爲戰場將來無論孰勝孰負勢必得尺則尺得寸則寸各就佔界以爲己境屆時我欲索歸則必償還兵費中國目前財政殫絀至此豈能再籌巨款是此番兵事一起我東省疆土權利已不能自主矣上年九月俄兵復佔奉天珏曾電告外務部擬赴俄轉圜乞代奏請　旨蓋當時猶有一綫之機可望和平完結故擬不分畛域慨然請行及外務部復電止之則又未敢固請目前大局糜爛若此言之亦復何

補然事必懲前乃克毖後縱異日歸宿不能預知而相機轉圜隨時皆可聖人有言知者不惑仁者不憂勇者不懼古之任大事者大抵從知仁勇源頭探討決不在惑憂懼窟裏盤旋曾文正亦云天下事變之來往往出於智慧思慮之所不及惟歷事久者能守義理之常以待時勢之變管蠡之見竊佩斯言珏壬寅在都蒙賜讀忠節公遺集邇來反覆展誦有感於心竊嘆三百年來世事有如棋局惟豪傑之士能自樹立英光浩氣歷劫不磨今東三省能否保全原非珏分內之事第念古人奉命出疆苟利於國知無不爲矧今日事勢尤與昔異亞歐兩洲風氣隔絕獨駐洋使臣耳聞目見較得其眞今歐洲一隅駐使七人而緩急之際無一能爲國分憂　廟堂不免旰食心竊恥之用是數月以來悒悒不樂幾忘寢食思得一當以報　朝廷又念以珏之疏逖猶日抱杞憂我公朝夕論思贊襄密勿際此艱虞其焦勞又當奚若倘望珍惜葢

躬爲　國自愛以慰海內屬望倚賴之心無任企禱上年請加洋藥稅摺計外務部已當復奏至今尙未鈔稿咨行到洋殊深盼系敝處續譯義國榷煙律例章程現已譯竣此編大旨以保護土產抵制外來之貨爲要義我如采用此法不獨有裨籌款且可隱杜漏卮日內擬卽咨呈外務部以備查考幷以附陳

上鹿大軍機　甲辰四月

近閱滬上日報載有總稅務司赫德條陳籌餉節畧按里計畝按畝計賦令每畝完錢二百文每年可實征銀四百兆兩奉　寄諭各省疆臣核復具奏等因此種莠言聱論於中國政體民情全未諳悉如使京朝官僚陳奏若此計必　嚴旨申飭原摺擲還今外務部爲之代遞　朝廷曲予優容並　飭下各省核復以示敷衍諒亦爲懷柔遠人稍存體面起見然而蚩蚩之民易惑難曉想各省大吏必有明揭其非以入告者無待玨之贅陳第念若非財政

匱乏至極彼亦安敢妄言如此欲息邪說宜裕本圖珏前請加征
洋藥稅細審外務部覆奏語氣似甚放鬆英廷又習慣延宕此事
一時恐難收效竊維理財之道與用兵同當致人而不致於人目
前祇有先就土藥整頓清理土藥試辦既效洋藥來源必減洋商
志在求售自能就我範圍珏現擬兩種辦法一仍中國舊章聽民
種販官但嚴加稽核一仿義國新法由官收賣商祇代爲運銷就
舊章整頓每年可增收銀一千萬兩用新法試辦則所入倍之反
復籌思似有把握本日謹詳晰上陳並請由大部妥定章程通行
各省籌辦總之今日財匱根源由乙未辛丑兩次賠款每年驟添
四千餘萬之債無論如何羅掘總覺百孔千瘡必能另闢利源取
之不竭以後小民始有樂生之心區區之忱不敢憚煩實在於是
土藥係大部專政此奏交議伏乞鈞座鼎力主持則海內蒙福非
獨言者之幸也

上鹿大軍機甲辰十月

日俄戰事相持不下現值冬令嚴寒或冀暫時停息近聞波羅的海軍艦已陸續過蘇彝士河此軍到後計必有一番惡戰孰勝孰負尚未可知察度情形距息兵之期尚遠東省之禍殆無已時頃美總統議開和蘭弭兵會意在商同各國排難解紛但俄師屢敗之後尚未得一二勝仗恐其未肯轉圜玨所尤慮者各國排解之舉即能辦到兩國應允戢兵其於我主權能否完全一層恐不暇及縱或籌及亦未必能如我意反復籌思目前必應預計歸宿以爭主權本日業將此意具摺上陳如蒙　朝廷采納摺中第一二條似可即見施行惟　國書措詞亦須量度日俄兩君之意否則必致鑿枘仍於實事無裨玆謹擬兩稿寄奉鈞覽即祈削正以備臨時進呈猶憶庚子臘月在西安時承命屬稿後得俄主辛丑元旦復書詞意篤婉玆稿中引用前語似應查照原文飭譯方免歧

誤合并陳明男同范謹案庚子年擬致俄皇國書見李文忠公電稿第三十一卷王言體尊未敢輯入特記於此
至第三四條就目前商勸停戰在日本已得所欲且餉源將竭或
肯見風收帆俄則挾一報復之心慮其固執不允故以移師一層
爲歸宿玨審知俄廷本無久佔滿洲之意往事之誤皆由武員貪
功啟人挑釁所致茲何督已離遠東我如簡使往商必有轉機惟
一切臨時應付之方不能遙度是在折衝樽俎之得其人矣

上鹿大軍機 乙巳二月

近聞俄師節次潰退而彼政府仍不肯罷兵東省蹂躪之禍殆無
已時所幸俄退而北則吾華中立之局較易保全耳賠款還金應
補鎊虧甫及三年已踰千萬如不速籌補苴之法則來日方長亦
殊可慮玨前飭譯員考求義大利國債辦法業於上月譯編成册
咨呈外務部及戶部以備采擇所有管蠡之見略具此册序中茲
鈔錄一通謹呈鈞鑒玨自來此邦計譯送之書內關涉財政者六

種如能略採其意酌量試辦似於目前籌款不無裨益至國債一事必以銀行爲樞紐茲戶部已設銀行因利乘便尤易措手惟是理財要旨總以寬恤民力爲本如不揣其本而逐末以求則近於聚斂又不如不辦之爲愈矣洋藥加稅之議聞英廷尚無阻難祇要土藥一律加重竊思洋藥土藥同一病民現議加稅非獨爲籌款亦冀禁減吸食似不必慮及土藥滯銷自生障礙況目前土藥出產之數業已十倍洋藥進口之數如不淸查加徵聽其侵蝕偷漏亦慮無以間執外人之口即洋藥加稅一事又成虛語矣

上趙次山尚書　乙巳三月十二日

昨閱滬上日報載有大部擬奏洋藥土藥嚴定分年禁止畫一辦法摺寓皁財於正俗之中碩畫藎謨良深欽佩扼要處尤在先查土藥足以折服外人之心異時議禁洋藥彼亦無詞珽於土藥出產之數雖未確知若干第據光緒二十二年赫稅務司摺開之後

云每年有三十四萬擔二十八年大部與外務部覆奏閩督請辦
膏捐摺稱每年有五十萬擔指數認明諒非無據查近年海關貿
易册洋藥進口每年在五六萬擔左右今土藥出產已十倍於洋
藥洋藥每擔計價銀九百餘兩每年約耗銀五千萬兩土藥價貴
賤不等統扯每擔銀三百餘兩每年應耗銀一萬五千萬兩是民
受土藥之害現已甚於洋藥大疏謂始圖抵制終至氾濫爲自强
計爲致富計均非禁煙不可洵確論也珏兩年來疏陳請加洋藥
土藥稅未敢遽言禁者因言禁則衆必以爲迂圖勢將置之不問
言加稅則尚有裨財政或冀采用其說又稅重則價昂貧民無力
者或可略減吸食此不遽言禁之一端也自光緒二十年以前國
家歲入之款不過收銀八千數百萬兩歲出亦如之今每歲增洋
債及賠款多至五千餘萬視往年出款驟加至十之六雖謹遵
列聖成謨未嘗加賦而十年以來百端搜括何莫非民脂膏夙夜

焦思惟此鴉片漏卮歲耗民間二萬萬兩但能減去四分之一即洋債賠款每年輸出之數已略相當又煙稅既增得此有著之款則各省苛細雜捐自可一律停止此又不遽言禁之一端也惟是以征爲禁之說相沿日久竟成理財家籌款套語大疏謂局卡愈密繞越愈多不惟禁不能禁而且征無從征與其求征稅之方不如行禁煙之策至理名言發聾振聵洵足刷國恥而勵人心惟日報載此摺因關係甚多尚未出奏未知確否珏意今日土藥蔓延至此不容不速爲淸查淸查得實即可逐年限禁其進口洋藥儘可同時一律辦理珏昔庚寅歲在倫敦與英國禁煙會紳屢次晤談知禁煙一事祇須中國立意要辦外人斷不因此起衅上年到義後又與該會紳等通函其復書深盼中國早除此禍且謂僅議加稅尚非一了百了之策等語故禁之一字明公如無意及此珏不敢輕發議端今大疏既剴切指陳此實中國發憤爲雄之機較

之籌餉練兵其效百倍竊願早日上達　宸聽以收旋乾轉坤之
功無任企禱

復呂鏡宇尚書 壬寅

奉惠書並石印商約二册尋繹再三具仰藎籌碩畫曷勝欽佩及
誦副牋以第八款十四五節載明須俟各國允許照辦始可舉行
尊意欲各駐使將詳細理法與各國外部言之催其允許照辦庶
可不致中變所示尤爲周密惟鄙人管見現在加稅免釐之議以
稅補釐入款未必大有裨益而中國權政已爲人處處範圍無由
自主幸而各國意見參差未始非留此關鍵以爲善後斟酌之機
竊意宜趁此約未行之先切實講求理財要政即如洋藥一項曾
惠敏續訂煙臺條約其第五條載洋藥於內地拆包零賣後仍可
抽釐並聲明內地並未全免稅捐將來若於土煙加重稅釐則洋
藥亦可相較均算加重稅釐然自惠敏訂約以後十有七年通國

無人籌議及此上年珏在廣東有商人議推廣膏捐設立膏引公司每年認繳賠款一百二十萬業經試辦有效閩省亦議仿行迨九月杪珏放洋之時舟過香港聞有漢奸勾通洋商阻撓議改章程然亦未敢謂拆包零賣之後不得加抽稅釐也廣東一省認繳之數如此若沿海各省一律仿行其數當在一千萬左右近來土藥之數多於洋藥數倍如照洋藥一律加抽所徵又當不止一千萬是土藥洋藥通共每年可多收二千萬此外可籌之款尚多珏姑舉洋土藥一項以見大凡耳釐金在今日誠爲秕政然權自我操欲罷則罷自是 朝廷恤民之政不必授權於外人至此次議改商約原係遵照和約大綱第十一款辦理勢難堅拒如各國意見參差因而中止並非中國負約在我有詞以謝外人此事實今日理財一大關鍵一得之愚瀆奉左右是否有當尚祈裁教是幸

致柯巽庵 癸卯十二月

大疏忠誠剴切持論正大不屑委蛇徇俗如見陸敬輿一流人物目前西省凡百需財籌款固急而正俗尤先易大傳云何以聚人曰財即繼之以理財正辭禁民爲非曰義今日袞袞諸公明此義者蓋鮮惟閣下庶幾無愧惠敏原奏本有修約議加一層惟洋藥加稅土藥亦必一律加稅相較均算方免外人藉口西省土藥出產雖不過繁而爲雲土入粤必由之路執事公忠體國軫念元元如將重抽雲土之議入告當邀俞允此則寓阜財於正俗之中計每歲所收必成鉅款於餉源似有裨益謹貢芻蕘伏候卓裁

上錫淸弼制軍 癸卯閏五月

蜀民浮囂易動旌麾到日似宜以靜鎮爲先必民困漸蘇而後可資民力蜀省攤派賠款每年二百二十萬未知兩年來以何款作抵蜀中土藥出產甲於二十一行省前見奏報徵收稅釐每年不過六十萬竊揣官吏侵漁入己必居其半珏意如照六十萬之數

加徵一倍再將官吏中飽之弊剔除淨盡計於賠款所短有限此事望公切實舉行昔年李鑑帥在東撫任內陳奏土藥不宜加徵力駁赫德單開之數謂川省錢糧正額不及百萬不應土藥加徵浮於糧額恐今日或有持此說以相抵制者鄙意鑑帥原奏本屬似是而非況今日賠款早已倍於糧額如再拘文牽義從何下手我公忠悃定識必不爲其所淆芹曝之忱謹以爲獻回憶二十年前從丁文誠公在蜀時歲解京協各餉數逾百萬文誠每嘆凡屬解款一出蜀境皆長往不回無怪蜀民日見凋敝珏因誦杜少陵詩珠玉走中原岷峨氣沮喪蓋自唐時已然幸蜀俗尚勤勤則不匱是在爲民司牧者提絜綱領相時緩急以補偏救敝耳今日蜀中出款又數倍於昔時非大君子遥籌全局酌盈劑虛斷難持久蜀中賢吏如馮夢華廉訪鄭蘇龕觀察均學有本原洞悉時事鈞座隨時咨訪必收臂助

上錫清弼制軍 乙巳四月

讀川漢鐵路集股章程一疏碩畫周詳思深慮遠果能不招洋股不挪別用全省士民翕然傾服羣疑既釋大利自興惟此路需費在五千萬外若每年能集股五百萬須遲至十年方克告成世變迭興未來之事實難逆料似須一二年後察看集款情形另圖長策近年舉行新政尤患乏才各省大吏因有遣派游學生之舉然良莠不齊頗難抉擇就珏見聞所及大率囂張者多求其篤志於學不染習氣者百無一二皆由本原未厚見異思遷聞川省派至西洋學生亦不免此弊以後如續有所派尚祈嚴加甄錄勿任濫竽非獨經費可惜亦免外人訕笑也

與鄒紫東 癸卯正月

到洋後將及三月此邦水土清淑氣候溫和其人物聰穎韶秀性亦馴良與他國一味鷙悍者不同徒以地爲教王所據將及七八

百年置之煙霾塵霧之中窒其心思錮其耳目自同治庚午歲義主振旅入羅馬莞其政治驅迫教王一無所預整飭紀綱勵精圖治於是氣象改觀近十年來蒸蒸日上目前情形與薛叔耘星使日記所載已迥不同竊揣以後方與未艾教王在今日已如退院之僧歐美各國與之通使者不過舊例相沿一時未遽改耳吾華如欲挽迴教案積弊其樞紐在整飭吏治如果地方官有膽識入教之莠民自不敢倚教作奸一味恭維教士亦無益也至各國藉教案生風波已成慣技此則全在會署剛柔互用應付得宜斷非聯絡教士所能收效粵省竟引外人阻撓一層現已查訪的確今將若輩譸張爲幻之隱衷略揭一二去年二月初三日英領事與弟當面說過竟捐係中國內政不必問彼業經據實稟復兩院有案該漢奸即勾通嗾聳彼頗難於措詞及閩藩台接到弟八月初八日出京之電該領事即於十三日照會德制台並賸稟駐京薩

使假使弟其時尙未出京則該領事必尙遲回有待也其禀薩使云云與粤省辦理膏引實在情形亦殊不符故薩使經尊署照復之後風波平息者一月及弟在滬放洋前有電與藩台令委員商人於九月二十七日同來香港妥籌辦法該漢奸聞信著急遂趁弟未到香港之先促迫領事電催英使再至尊署饒舌粤省於二十五日奉到尊署二十四日電該商人於二十七日到港見弟時云據此電看來英政府決無行文到京之事緣土藥應收釐一百十兩之說向來所未聞亦條約所本無查條約上載明日後所設稅捐如係照貨價計課應將洋藥與土煙價值相較均算是日後之稅土藥尙當與洋藥論價分別豈有取從前已定之稅釐混而同之之理且現在膏引公司於未拆包前祗給引計數並未令其納捐英使此番饒舌既未深悉粤商辦法亦非眞有英政府來文務懇電達尊署力爲維持云云是晚弟即代擬復電且告以發電

之後仍須籲懇制台准商人延訂律師將條約辨析明白將來方
能推行各省自香港行後途中一再致書藩台請其勿爲浮議所
動乃言者諄諄聽者藐藐卒不能挽迴補救英政府行文到北京
一節弟到此後函詢倫敦禁煙會紳士請其探聽去秋八月英政
府曾否有議及廣東膏捐爲違約應令停止之事探訪月餘影響
毫無是此次外人阻撓一節英國政府不能任咎即領事之有心
朦禀英使之無理取鬧亦非本意不過情求賄託使然而封疆大
吏偏聽局員不准律師申辯其昏庸恇怯貽誤至此殆不可以理
解然使粵省有款可籌即不辦膏引賠款亦能裕如則已往之事
原可姑置勿論乃近閱粵中新聞紙搜括之術愈出愈奇房捐糧
捐之外又有所謂猪捐糠捐等名目甚至牙刷一物亦令商人承
餉銀三千兩零星攢聚政體愈失於賠款仍屬無裨思之太息弟
既來海外職在簡書原不必因此縈懷自尋煩惱第去年擬辦此

事非僅爲粤東一隅起見實冀推行各省以紓民力而塞漏巵若從此竟遂中輟則不獨粤東膏引之辦法負屈莫伸且使曾侯立約之苦心有懷未白日來公事稍暇因取曾侯續增專條約稿逐款加註明晰幷詳載粤東膏引章程與此約並無不合之處脫稿後即用糖印法印就數十册至專條命意所在備見曾惠敏乙酉七月奏報密册中因亦印就數十册將以分餉當世理財諸君俾知籌款之法當就大處落想不必瑣瑣屑屑苦我小民又弟前在倫敦時薛叔耘星使曾有致貴衙門總辦論英國禁煙會始末書並譯鈔當日禁煙會紳來函此譯件足與曾侯原摺相發明頃一併付印茲每種寄上一册即乞老同年公餘之暇逐件披閱如不以鄙見爲謬並望將此三册即付手民排印以廣流傳天下不乏有心人或有用此條約以寬各省掊克之苦者

與唐蔚芝 癸卯正月

義國財政彙攷一書大約兩月後即可竣事咨送尊署此書第泛泛觀覽似無甚佳處如掩卷靜思彼一部臣能舉全國之度支日懸於心盈虛消息何者爲始念所不及何者爲意外之加增通盤籌畫刻刻不忘試問中國任度支之責者有此條理精密否吾輩作舉業時一題到手其心思過人者每於無字句處體勘弟譯此書亦請中國有理財之責者於無字句處體勘也因閣下曾任農曹輒敢以此言進

與唐蔚芝　癸卯十月

讀大部咨行奏稿及章程各條慮周藻密已得要領聞悉由閣下手裁燕許大文欽佩無旣當此財政支絀之時重商固屬要圖而保商尤須實力近見舉行各項新政大都紙上空談旣無西人上下相通之情亦非吾國君民一體之義不過襲報紙之讕言爲枕中之鴻寶究其實際祇便私圖今貴衙門之設當不致復蹈此弊

然默察時局東北之強鄰未退西南之伏莽方滋經世宏規似尙有急於此者閣下懷抱利器當事者復虛左相需尙祈審物產息耗之原究國用盈虧之本不徇流俗輕議更張今日能無赫赫之名異時可免悠悠之口幸叨夙契敢進芻言

與廉惠卿 癸卯五月

時局日異月新不審賢者近年所見又臻何等境界想能吐棄凡俗掃除一切功利魔障身心得大安適也弟去歲十月杪抵義此間交涉事簡若論因物付物之義大可息心澄慮卽作海外之水居可樓觀但念世方多故虛糜厚祿以自暇逸心竊未安自正月至今日課署中各員選譯義國財政諸書取彼所長以資考鏡脫稿之後稍爲刪潤略存問俗采風之義以免玩時愒日之譏因而終日握管昨已譯成義國財政彙攷一書咨送外務部并另繕一册請其轉咨尊署弟譯此書之意原因義國幅幀至狹不及中國

十分之一而歲入之款較中國多至五倍苛歛若此其民無掊克之嗟頗不可解及譯竣之後乃知其命意所在處處代百姓身家計算期上下之交益不裕國以病民迨民情既已感孚國用轉資挹注近來中國籌款日艱司農仰屋談新政者動議仿行西法而每舉一政適以擾民是以亟將此册寄回冀吾國有心人閱之或能反求其本不再扣槃捫燭貽禍方來閣下近來是否常常進署弟意吾輩爲學不外盡性二字仕宦不外盡職二字每念閣下潔修自好泊然寡營超出塵表心竊佩之獨惜其於職分不免曠廢兄今日戶部正宜講求財政實效集思廣益之時多一事閱歷進一層見解似不宜悠閒度日默爾而息也數萬里外寄一書不敢作泛泛無益語輒布區區尙希采納

與曹再韓 甲辰七月

台從蒞豫一載刻刻以國計民生爲念承示教戒屬吏以官民不

隔振興實業爲宗旨具見保惠之中隱寓富強之意欽佩良深第欲振興實業必先懲儆惰游中州風氣馴良號爲易治惟民間痼疾耽嗜罌粟致成貧弱弟庚子冬間赴秦道出河洛時方饑饉夜宿逆旅求一雞卵不可得而鴉片則比戶有之其百業惰窳即此可想閣下欲整頓地方必宜從此下手弟遠使海外無補時艱即有敷陳僅屬空談不如閣下能見諸實事也尙望益宏遠謨無任欽企

與曹再韓 癸卯五月

來教謂當今局勢治內莫如管子外交莫如鄭僑自是按切時世確論弟之愚見則以管氏國氏皆間世一出之奇才其措施規畫即中知以上未必遽能模仿今日補偏救弊求其平實易行者莫如孔孟遺言確有依據論語中所答許多問政之言字字顛撲不破惜數百年來爲後人出題考試用作八股話頭以致當面錯過

耳此迂闊之論時賢所號爲頑固者不審高明以爲然否

與鮑潤漪　癸卯閏五月

昨紫東同年寄到年伯母大人行述一册浣誦之下至情至性流溢行間如讀蓼莪之詩中心怦然竊觀古來懿行凡人子能致身通顯卓自樹立者大抵皆由先世積累所致而賢者之禀賦剛柔純和激烈則得於母氣者居多前年謁老年伯於坷里得瞻丰采祇聆謦欬并觀尊府居室仍是儒素規模私心敬畏以爲義方之訓非偶然也今讀此册乃知吾兄堅忍耐苦守正不阿所由來欽仰之餘益增感愴弟自先慈見背倏逾一紀回憶少時先君服賈在外以慈母而兼嚴父其艱難撑拄之境大致與年伯母相同先君見背弟甫弱冠嗣後奔走四方資館穀以爲養先慈無一日安樂可知每一念及悲憾交縈今讀此册不覺其涕之何從也

與鮑潤漪　乙巳九月

滬甯鐵路以六百餘里之工程借三百二十五萬之英鎊合庫平銀幾及二千三百萬兩查造路之費從實估計每里需銀萬兩即按雙軌合算謂須加倍亦不過一千二百萬兩今溢借一千一百萬又以五十年爲期計出息錢數倍於本合同所載各節疑竇甚多殊不可解因思粤漢鐵路合同其中含糊當不至若此之甚頃因三省力爭業已廢約而此路竟無人議及昨見申報載武陽同鄉致某君書云云乃知人有同心此事目前究應如何補救能否仿粤漢之例爭回自辦現路已動工挽救之策愈早愈妙閣下見義之勇察理之精皆爲弟所不及又久官京華於鄉人中氣類知之最稔故敢以此奉商伏乞統籌全局與同志諸君子竭力圖之

與鮑潤漪 乙巳十月

接閱上海報紙知滬甯鐵路一事武陽同鄉已徧告都中巨公外省大吏亟籌挽救之方擬仿粤漢廢約收回及浙贛自辦之策語

語切實先得我心所慮者此事與粵漢情形稍異英人狡悍非美可比薩使陰鷙播弄奸商恫喝政府均在意中不可不預防後患目前祇有切實責成夫已氏改訂合同如彼族能允照行我既收回主權自以省事爲福如不能照行惟有合五府一州紳士具呈商部請　旨飭下停工查閱洋工程司格林森七月二十二日說帖以該路分爲六段自上海至無錫二段係現造未成之路自無錫至江甯四段係現測未造之路目前趕緊力爭猶未爲晚惟是懸隔海外一切情形僅憑臆度恐未必遂能中窾儻老同年不以鄙說爲非可否即懇轉告尹中翰及武陽諸公互相商搉折衷壹是所有籌款辦法隨後續陳

與李豫嚴　甲辰十月

世局日非當道不知本原至計第認興學育才爲好題目粉飾鋪張致令舉國若狂從此風俗人心將有江河日下之勢小雅詩人

謂譬彼舟流不知所屆又其何能淑載胥及溺此之謂矣近課小孫讀書經至召誥洛誥無逸立政等篇其訓詞悱惻纏綿反覆玩誦令人意厚凡爲大臣者必具此心地自能尊主庇民忠信孟子惟仁者宜在高位之言爲不可易也來百工則財用足誠亦爲國九經之一端然使不從修身尊賢諸大綱做起亟亟以製造工藝爲事得毋本末舛逆貽笑遠人乎近內地各省派來歐洲肄業學生弊病百出而囂陵無狀尤以鄂省爲最聞此輩皆當世所謂熱心教育之大吏鄭重栽培之人材也

與李豫巖 乙巳四月

近時學堂課本意取童穉易解實則貽誤不小凡人記性早悟性晚自不同時十二三歲以前祇求其能記並不望其能悟也早讀經書欲其成誦不忘正爲後日見理漸深思索地步若幼時但取淺近易解之書泛泛誦過迨至年長悟性開後再讀經書不厭其

沉悶卽苦其迂拘矣吾兄前後淺深之喻至爲確切弟意吾輩家塾中祇宜仍用舊法萬不必兼采新說大抵今日各種教科書譬如水波起伏偶爾洶湧數年之後風平浪息必廢無疑承示不立私家學堂恐子弟將來有所未便因擬添入洋文算法體操之事竊意算法尚可兼及洋文須視子弟性之所近不必人人學習體操一事尤宜斟酌中西人飮食嗜欲不同小兒體氣强弱判然各別勉强彷行有損無益弟差滿回里時當與閣下悉心妥商擬仍用從前經正書塾之說酌定規模稍籌經費就各相知家子弟招集二三十人以爲鄉里準繩與尊旨大致相合計明春開學時必可辦妥也弟涉世愈久所見愈迂近因課孫尋繹經旨覺理義悅心迴非他樂所能及放翁詩云靑鐙有味似兒時洵不誣也

與孫伯璵　癸卯二月

民生休戚宜認眞留意宦途巧拙不必縈懷吾輩寒士教讀出身

縱使小有得失較之坐冷板櫈時調度已用究覺容易勘破此關
閣下爲循吏不難矣

與張在初 甲辰三月

弟於上年八月曾奏請加徵煙稅以裕國用奉 旨該部議奏欽此頃准外務部來咨知已會同戶部議覆奏蒙 俞允並咨行尊處與英外部商議弟於此事已籌之積年前在粵東辦成膏引一宗又爲漢奸勾通領事阻止於粵東賠款仍無裨補因思昔年曾惠敏續訂專條原有暗伏修約議加一層且其時洋藥價每箱僅三百數十兩今已加至一倍有餘而稅釐之數仍一百十兩未曾稍加分毫殊負當年惠敏經畫之苦心適譯義國稅則見有重徵煙稅一條因借此立言又慮外務部交涉事繁應付不易故附片陳明此事全仗閣下迎機善導鼎力主持庶惠敏未竟之志待公而伸將來議成於民間苛細之捐或可減除一二敦槃妙用造福

良多企望清暉欽遲無已

與張在初

加徵煙稅一節經閣下斟酌盡善照會英廷以洋藥價值倍增而稅釐無改受虧太鉅現僅欲規復原來應有之數立論甚平且係據約磋商想彼族亦難深閉固拒然一得之愚有樂為執事陳者昔年曾惠敏續訂稅釐并徵之約頗得倫敦禁煙會紳之力此事見惠敏原奏及與南皮制軍書中光緒十八年弟隨薛叔耘副憲在倫敦使署該會紳領袖阿來山德曾與相識上年到義後時有信往還該會紳以英國販煙為非嘗謂中國如欲加重煙稅彼當出為助力弟昨得來書後即函知該紳言我公現在奉政府之命辦理修約加稅一事請其即詣尊館進謁面陳一切竭力相助尚望曲加延接冀收無形之效芻蕘之見是否有當伏祈采擇

與胡馨吾　癸卯九月

前電詢一節初閱洋報疑未必確及奉惠復始信竊揣俄意重在防倭中美開埠尚非所急昨駐義俄使納禮託夫與弟談及此事謂滿洲之事祗應中俄兩國商議若外人從旁干預適爲中國之累又云俄費許多資本造成鐵路決不肯聽人損壞駐兵守護亦屬恒情且云政府事雖不能遙度然俄王決無與中國失懽之意云云弟頗韙其言不知尊處所聞果如此否　朝命覲見陳商之電何日奉到有國書否覲見不能談公古今中外通例此事祗可與外部磋商惟日本不應干預一節似須與我國政府剴切言之否則方鑿圓枘終無了局如再半年不撤兵恐東三省非中國有矣弟初聞估奉之耗輾轉不寐者數夕念國事不當分畛域思赴俄與兄一談曾電外務部請示旋接復電囑令無須然東望懸系此心一日不能釋也風便幸將近情隨時示悉爲禱

與胡馨吾 甲辰七月

遼陽俄軍又經潰退旅順恐亦不能久守未知俄廷衆議如何有止戈之意否此番戰事以鄙見論之不但俄爲失算日亦未嘗得計異時痛定思痛方知不戢自焚一語古人不我欺耳現日軍計已進偪奉天　陪京重地蹂躪殆徧我雖中立究係地主似可趁此啟口與俄政府一言爲保全主權之議不知外務部曾有電到尊處否弟每至扼腕無聊之際輒思發憤爲政府一道第念閣下在俄星垣在日俄日又各有駐使在京與外務部可直接晤商其見聞必較敝處眞確尙能從容鎭靜鄙人越畔思之亦徒自苦因是重復放下前函所謂隨時變易以求中此其一端也二程書中精要處俱已采入近思錄故閱時並未摘鈔第不閱全書不知昔賢得力之處又弟之所以看此書者因性情褊急思所以藥之閣下天賦沖粹遠勝於弟尙希時賜箴規爲幸

與胡馨吾　甲辰十二月

東省兵事一日不了則中國之能保全中立亦殊難必蓋由勝者强横敗者無賴遷怒尋衅均在意中今日閲譯報俄政府謂中國在日俄戰事之中違犯局外已行文各國政府等語未知確否此等波折本所難免但不知吾華目前如何應付弟十月間曾有敬陳管見一疏意在力任調停明認東省主權彼時旅順尚未降日現局面又稍變矣天下洶洶扶危定傾未知誰屬良可嘆息

與孫慕韓 甲辰正月

頃奉手教具見藎籌宏遠欽佩良深讀電稿高瞻遠矚洵足破庸人之論振積衰之氣而又虛懷若谷詢及鄙人益深感篆惟日俄搆兵中國雖居局外而事變難料可慮正多此時陳奏之件似宜相題行文又吾輩業已蒙　恩任以使事即欲斡旋時局亦當就使職引伸大稿君民共主編纂憲法一時頗難著手擬使謂江鄂兩督前摺宜切實施行其用意尤所未喻兹就管見所及酌擬一

稿是否可用敬乞指正

與孫慕韓 甲辰三月

前奉環章敬承壹是東省大局將來果如尊示能不失地主之權即爲萬幸眼前蹂躪亦祗可聽之頃聞日兵在皮子窩登岸已抄出旅順之後卽日必有數番惡戰戢兵之期正未可必自去秋九月至今身在外洋此心無刻不在中國意緒鬱結殆與閣下同詩所謂靜言思之不能奮飛是也赫德條陳籌款之法每田一畝歲捐錢二百文奉　旨各疆臣議覆此等胡言豈容淆惑料來必不准行第財政至今日已窘極不能不思開源之法聞法國煙由公家專利閣下何不飭員譯其章程采擇入告似亦少寬民力之一端也

與孫慕韓 甲辰十月

承示新舊之說過蒙推奬愧不敢當弟意學派不論新舊當辨是

非人才亦不論新舊當別眞僞今之言維新者大抵僅口頭禪如兄之念念不忘　君國固弟所心折者也

與孫慕韓 甲辰十一月

還金還銀相持兩年迄未得直此次議定以後當就金價想法其機括在滬上之銀行若不嚴禁內地赤金出口持以歲月則鎊價終未易落耳京中久無函電中外日報所載殊未可信日俄戰事一日不了則中國尙在驚濤駭浪之中天下洶洶變端莫測小雅詩人謂譬彼舟流不知所屆身履此境乃知其言沉痛而確切也

與楊誠之 乙巳十月

立憲之說今日談時務者幾於萬口同聲實則中西情事迥然各別即我與日本同在東亞而稟賦旣異用藥亦不能強同如果決意仿行將來利弊尙不可知弟非故違衆論誠以吾輩三年遠役他日還　朝須有一篇披肝瀝膽獨抒己見之文此時草草會銜

必致前後牴牾是以未敢輕允歸期在即擬守括囊之戒不多此筆壘矣

與義國外部大臣狄多尼　癸卯十月

三十號在宮中賀年見貴君主及王后問我在此作何事消遣我答以無公事可辦但此亦兩國和好因君主敦睦誼故能如此回寓後我想有一事於貴國及中國均有大益但不知貴君主肯辦否我現將此事與貴大臣商量但此係我之私見此函係我與貴大臣之私函並非公文如貴大臣以此事爲可行我即發電報知我國政府請貴君主辦此事現在俄日兩國爲滿洲高麗之事相持不下不久恐有戰事必礙東方和平之局此事如有一國出而排解不難言歸於好此排解之法要斟酌公平俄日兩國曲直中國非不知但爲時勢所迫不能據理而行歐洲強國法德助俄英助日均無排解之意美有好意却另一洲又其先本與英爲一國

恐俄未必肯聽惟有貴國在歐洲立國最古貴君主又極聰明勇於任事如貴君主肯辦此事中國必樂從俄國看重貴君主亦必肯聽如日本不允再請美國勸解事必可了貴國在中國商務既少從前到中國之洋人祇爲傳教而去於國家利益不甚留心近見各國在中國多得利益故欲振興商務但我以爲貴國如將俄日之衅端解去中國必感貴國較商務所得利益更大而貴君主之聲名從此傳於東方且共推爲中國第一好友今日係西歷第一日我所請貴國辦者亦今日東方第一事如貴大臣以我言爲然望便中告知大君主但須表明此係我與貴大臣私下商量之語必問明大君主如何意見我方好電達政府也

與英國下議院議員米爾松 癸卯正月

憶光緒十七年在倫敦曾與貴會中阿來山德晤見當時貴會中曾函荐欽差請轉達總理衙門欲乘此機會勸中國禁煙等語鄙

人當時極爲佩服惟是禁煙之法祇有加重稅釐令吸者因價昂自然少吸從前光緒十一年曾侯在倫敦所定之約極得會中幫助之力上年廣東因籌還各國賠款加重膏捐洋藥土藥一律加抽如此辦法與光緒十一年曾侯所訂稅釐幷徵之約毫無違礙乃駐粤英領事指爲違約朦稟駐京英公使照會中國外務部言奉英國政府來文令將膏引新章停止查現在粤中籌款艱難若舍洋藥土藥不捐而捐別項日用必需之物恐致地方不安爲此將此事告知貴會中國現籌賠款祇有就鴉片一項想法英國政府不應阻止特請貴會中力持正論以解英政府之惑

與英國禁煙會董事阿來山德 甲辰七月

近年鴉片價値日增較一千八百八十五年曾侯在倫敦定約之時已加到三倍一千八百八十五年鴉片每箱價銀三百餘兩現已加至九百餘兩而稅釐之數尚仍舊中國政府以爲目前辦法必應按價加征現已派駐倫敦欽

差張大臣與英外部商議此事查從前曾侯與外部定此稅釐之數深得貴會中幫助之力茲我望閣下告知會中諸君仍幫助張大臣辦理此加稅之事務令中國政府愜意幷請閣下到中國使署與張大臣一見

復庵遺集卷二十二

二十二

無錫 許珏

書札五

與王少谷 丙午四月

弟海外槎歸乞假省墓征人初返親朋快聚而俗冗亦坌集衰年精力不勝因泛櫂至水居休息數日下榻可樓借湖光山色一滌塵襟回憶重建此樓之日深荷賢父母鼎力得復舊觀今閱時不過十年而世變遷流學術人心至於斯極昔陽明學派不過無善無惡四字高子猶力辨之若覩今日所謂學堂不知若何感嘆耳

上鐵寶臣尚書 丙午閏四月

大部議覆柯侍郎辦理土膏統捐事宜一摺內洋藥加捐一條尚待妥行籌議具見審慎邦交先內後外不欲操之過蹙轉致一發難收珏前在外洋時亦曾籌慮及此是以光緒二十九年八月疏

陳加徵洋藥稅後復於三十年四月請先就土藥整頓試辦迄今
又閱兩年聞現辦土膏統捐川雲貴土藥値百已抽至五六十而
洋藥値百現祇抽十三有奇似宜及時電商駐英汪使與英外部
接續開議惟查二十九年十二月外務部會同大部議奏係照一
百十兩之數增抽一倍按之現時價値亦僅値百抽二十七八之
譜以視川雲貴土藥値百抽至五六十者尙屬輕重懸殊第業經
照會在先此時似驟難改口惟有得尺則尺得寸則寸且先將此
項增抽之稅專備練兵經費亦於財政不無小補萬一英外部意
在延宕未能定議祇得另想辦法仍按煙臺條約續增專條首段
限制約束一語以爲根據查大部核定土藥統稅章程於善後條
款項下有云必須實行以徵爲禁之法總期漸銷漸少漸少漸無
雖稅項短絀亦所不恤此誠探本之論造福斯民實無涯涘玨擬
根據此意切實發揮所有管見縷日恭詣面陳

上鐵寶臣尚書 丙午六月

前因土藥統稅値百已抽至五六十而洋藥稅釐現値百僅抽十三有奇擬請電催駐英汪使與英外部速議辦法未審大部近日曾發電至英並已接到汪使復電否查海關貿易册光緒二十七年以前洋藥進口漸漸減少已不及五萬擔二十八年以後迭有加增多至五萬八千餘擔此即近年洋藥稅輕旺銷之明驗第邇聞有人建議謂與英商辦加稅不如竟議禁煙此誠快論最得正本清源之道但玨審察情形恐此言未必即能辦到殆因目前路透電報提議及此遂謂機有可乘不知此等議論英國禁煙會紳陳說已非一日光緒十八年五月前出使大臣薛福成曾據以達總署有案可查玨近年在羅馬時與該會紳閈來山德通函非止一次頗知底蘊大抵中國自禁一層乃英政府權詞答復議紳之言未可信以爲實也又目前果議禁煙斷無但禁洋藥進口之理

必幷禁土藥而後可然土藥之稅現方恃爲練兵常費則拔本塞源事未易行故愚見不如仍理前說電催汪使開議與土藥一律加增即按照一百十兩之數加增一倍亦可歲得五百餘萬兩較之別項籌款究有把握儻能加稅之後而洋藥進口之數日漸減少則用以杜塞漏卮亦未始非異日議禁之嚆矢愚昧之見不勝惓惓輒再布陳

與王蘐臣　丙午八月

今日主持立憲諸公意不在國計民生而在攬權亟亟以改官制爲言衆人窺見此隱是以反對者多日來尚無成議苟患失之無所不至每誦此言爲之慼喟人心澆漓若此鄉官亦斷不能行未可以其說出自亭林遂附會引重也

與楊子延　丙午十一月

承諭立憲一事儘可不問分非言官不宜輕瀆尤見關愛之深弟

自十月以來即緘口時事假城南陶然亭僧廬三楹爲避囂之所藉以靜坐養心時時循念昔賢思不出位之訓擬春融以後即附輪南下息影鄉園惟念時艱若此揆之臣子致身之義又未可恝然言歸相知如吾兄其何以教之

上鹿中堂丁未七月

蘇省煙館於六月底一律閉歇此事既能實行則禁煙自可逐漸加緊而省章以顧全膏捐之故凡煙館停燈即爲膏店聞省垣縣增膏店八九百家諸弊叢生仍屬無可整頓錫金兩邑因先事限制差免此弊計閉歇煙館共一千三百餘戶而改設膏店者城廂祗五十餘戶四鄉不及百戶故稽查尙易查政務處奏定章程十條內第四條禁止煙館第五條淸查煙店現錫金已經實行第六條製備藥方第七條設戒煙善會則自上年早經預備第八條地方官督率紳董實行現在官紳一氣尙無意見是此五條均已辦

到至第一條限種罌粟則錫金境內所無第九條嚴禁官員吸食則非紳士所能爲力第十條商禁洋藥進口則事隸外務部更非家居紳士所能置喙是此三條均無庸議現在應辦之事惟第二條分給牌照以杜新吸第三條勒限減癮以蘇痼疾但此二事必待省城定有辦法然後外縣可因地制宜量爲損益今省章於分給牌照一層諉之本城拒煙總會由紳士姚姓經理又因朱竹石廉訪與姚紳意見不合遂閣置不辦牌照既未分給則勒限減癮事更無從辦起竊思　諭旨煌煌實行禁煙而省城大吏一味含糊敷衍得過且過實屬令人扼腕用是將以上情形據實直陳伏乞鑒察儻能造膝之餘上達　宸聽再得　諭旨明發申飭疆吏毋許始勤終怠功隳半途則三吳生靈之福皆相國一人之賜也

上鹿中堂 丁未十一月

昨見度支部奏請仿行印花稅以抵洋土藥稅釐一摺珏意印花

稅所得至微即云積少可以成多而小民既非習見恐內地一時未必通行竊意禁煙之事今日當如救焚拯溺刻不容緩必有籌集鉅款之方而後可收實行禁煙之效連日籌思惟有試辦公債一法按照現收洋土藥稅釐之數分作十年遞減稅釐分年遞減公債按年遞增計此十年中應借公債八千八百萬如照近年北洋債票七釐行息之例應付息款六百十六萬查本年五月美國讓還辛丑賠款通計本息兩項照原數減收華銀三十三兆五十餘萬計每年可省一百餘萬今若移此以付公債息款計十年之中除付息外尚餘存三百八十餘萬實屬有贏無絀頃已繕稿呈請御史臺代奏茲謹錄副呈覽伏祈我公深維至計啟沃宮廷俾芻蕘之議得行則鴉片之禍自息不勝企禱之至

與鄒紫東侍郎 丁未八月

蘇省禁煙一事中丞始意極爲鬆懈後經疊奉五月十五日六月

初二日　諭旨幡然一變嚴飭各屬通省煙館至六月底一律閉歇然所整頓者不過外觀而已錫金兩邑因先事預備較諸他縣稍有實際又官紳尚能一氣不致橫生阻力就敝處情形而論此後果能認眞不懈不過三年可望肅淸所惜省中大憲並無眞實力量其最可笑者以膏捐爲賠款所關公牘私函月必數至一似惟恐吸食之戶不多務以旺銷爲裕國足民之計者弟雖持正論與爭然權力不足徒喚奈何閣下關心桑梓儻能與同鄉京官合詞上聞請　飭下督撫務在實行禁煙勿以膏捐二字貽誤全省無任企禱

與鮑潤漪丁未九月

蘇省煙館於六月底一律閉歇足見國家教澤未泯法令尙行譬如隆冬雖陰冱已極及至春雷一震萬彙皆蘇此極可喜之事現在敝邑售銷煙土之數七月中較未禁時已減十成之三新設各

膏店生意家家照此局面至年終尚能減去一二成所可慮者蘇屬四府一州以膏捐舊額關係賠款每見省中大吏與地方官公牘諄諄戒飭惟恐吸食之戶減少（公文妙於措詞不曰減少而曰隱匿）儻以後膏捐虧短須責令地方官賠繳云云弟意錫金夙稱富庶因與兩邑侯約但能實行禁煙膏捐即徵不及額當由地方另籌他款抵解錫邑侯伊峻齋明府（名立勳福建人伊墨卿先生之後）人甚明白且與弟舊交是以官紳一氣尚無阻力然錫金兩邑之外非權力所能及也仙洲大守聞月內可到任計常郡八屬或可一律整頓惟膏捐之柄操諸省會大吏恐亦無能爲役耳弟於七月杪曾上書定興相國具陳蘇省禁煙情形八月初旬又函告紫東同年能否與同鄉京官合詞上聞請 旨飭下蘇撫勿以膏捐二字貽誤全省迄今未接復函竊謂今日禁煙一事如挽逆水之舟必一步緊一步方克早登彼岸若遲回觀望綷一失手則順流而退瞬息千里矣

與鄒渭清 丁未十月

江浙路事此半月以內京師接各處紳商學界來電何止數百但云民心憤激請　朝廷收回成命而迄未有奮袂入都伏闕上書與外務部面折廷諍之人是以言者諄諄而聽者藐藐自本月初四日外務部發江浙將軍督撫一電初七日電傳　諭旨一通政府之意非不欲求諒於民惜應付外交全失操縱之道如以歐美各國通例論之目前此事未嘗不可轉圜蓋各國行政之人本視民情爲進退今江浙人情洶洶若是初持此議者例應自請退避賢路使後來接任者重新更議如是則於國體無損且與西例脗合此一策也西人行政既以合乎民心爲重今　朝廷方修好睦鄰自可開誠相告如電傳國書以江浙民心擾動情形逕達英國君主請其戒飭使臣毋再固執英廷諒不堅拒自可另議存我主權此又一策也借款自借款不關路工商辦自商辦准入官股除

蘇杭甬已成之局無庸議外現尚有浦信一路不妨存此一說以爲收場地步此亦一策也頃以此意上書政府而呈請代奏一層擬且暫緩謹以奉聞

與秦牧卿 戊申五月

此次到京恰值定興還朝外人遂有派禁煙提調之說此係揣度之談實則並無其事藉使有之弟亦不願蓋諸大臣意見既非一致而各派提調尤難融洽又提調所辦祇是伺候意旨之事於鄙性亦不相宜呈請代奏稿昨由公函中附寄此舉固觸督撫之忌然虛實不可不剖明正爲異日辦事地步兄云吾邑事事開風氣之先大約實行禁煙四字總須就吾邑發端擬在此一月內草就章程請禁煙大臣核實上聞

與謝仁卿 戊申五月

奉惠函知公祭錢烈婦之日到者數百人道旁聚觀有泣下者三

代直道猶在人心然亦諸君子力持名教以風義爲鄉人倡故能嚮應若此王明府昔令吾邑有循吏之目及處置烈婦事含胡草率頓出意外地方紳士積威若是可畏亦可慮恐非吾郡之福也

上錫清帥 己酉閏二月

自丙午四月海外歸來滯迹京華者一載自揣迂疏與時鑿枘因於丁未三月呈請御史臺代奏乞假回籍辦理禁煙上年五月假滿入都復將蘇省禁煙未能實行並膏捐貽誤地方之處呈請代奏七月又呈請禁煙須變通期限因地制宜先後奉　寄諭兩江督撫及飭知禁煙大臣度支部在案八月奉發往粵東之　旨同日拜命者四人皆不願行玨竊念臣子致身之義唯以君命爲重名位之升沉宦途之枯菀皆無足計每讀前史凡不合時宜孤行己意之人往往動遭斥逐謫居水土惡劣之處今頑固如玨尙許以原班需次且有樞廷存記之　旨不可謂非政府逾格之優容

矣因是欣然就道九月出都仲多抵粵臘月中旬大府委辦全省禁煙事宜新正設局開辦迄今兩月雖粗定規模而辦事宗旨與大府微有不合竊謂禁煙扼要之方禁種最先禁販次之種販俱無則吸者且不禁自絕粵東一省種煙之地甚鮮其來源全出於販不於販者嚴爲限制雖日言禁吸而吸者自若也自　明詔禁煙以來倏將三載粵省銷售煙土之數有增無減上年洋藥進口減少五百餘擔而土藥轉增多一千二百餘擔現擬辦法洋藥一項英政府既允按年遞減十成之一以後洋藥進口必當按照此數稽查限制土藥行銷一如限制洋藥之例至土膏各店飭令遵照民政部會同度支部奏定章程設立期限於土膏營業以外兼爲他項營業逐漸替換務於定限以內將土膏貿易一律停止如是則來源日減流毒自淸乃大府意存寬厚一再批示戒勿操切不得已將所擬章程扼要之處悉數删去恐此後辦理難有把握

因念我公在滇令行禁止首陳縮短期限之奏以速收滌瑕蕩穢之效豪傑舉動在今日海內眞寡二少雙矣欽佩無量玨昔在晉陽初謁鈞座即及禁煙之議刻下默觀時會百年浩劫確已將終天心悔禍迹本昭著特恨手無斧柯未獲少伸素抱又念此次來粤志本不在求官徒以時局艱難思得一當以報君國庶幾衰晚之年少有建樹今察度事勢祇可守老氏和光同塵之旨未易慰陶侃旦暮運甓之心殊深太息耳

上鹿中堂己酉閏二月

嗣皇建極百度維貞恭讀二月二十四日諭旨於禁煙一事諄諄誥誡禁吸禁種及籌款抵補洋土藥稅之事俾京外大臣各分權限各專責成并以籌款雖艱當權利害輕重不欲恃鴆酒毒脯以救飢渴聖諭煌煌洵足振一世之聾聵袪沉痼而蹈康和要皆元老論思啟沃之功造福蒼生詎有涯涘無任欽感粤省禁煙

局自正月初九日開辦以來僟經兩月因所擬章程屢經刪改刻
始詳定尙未刊示然於扼要辦法則已悉數刪去緣職道初意洋
藥進口及土藥行銷均宜確查實數嚴定限制方爲淸源正本之
策洋藥一項英政府既允按年遞減十成之一查上年粤省各海
關進口之數較往年所減未及百分之三土藥銷數前據各州縣
報稱已減十分之二及詳核兩廣土藥統稅分局所造行銷土藥
數目表册則非第較往年不減且增多十分之一共計全省上年
洋藥進口減五百擔而土藥行銷轉增一千二百餘擔銷數既有
增無減則吸食之沉溺如故可知職道初定辦法洋藥進口必令
按年遞減一成土藥行銷一如洋藥限制如已逾限定之數則貨
雖到粤祇能封存行棧待下年始准行銷此即政務處原奏過絕
來源由漸遞減之意而大府以爲洋藥事關交涉勢難實行土藥
則統稅所關方期旺收豈可阻礙命將此條删去又粤省膏牌大

項承餉已久計全省所收不過洋銀二十萬元然自封禁煙館之後各膏店皆開燈私售其已設有巡警地方尚稍歛跡其無巡警之處大抵以燈吸爲營業以膏牌爲護符恃其業已承餉與二三不肖佐雜朋比爲奸兩年來煙土銷數有增無減殆由於此查上年民政部會同度支部奏定禁煙稽核章程第八條膏土各店應設立期限於膏土營業以外兼爲他項營業逐漸替換務於定限以內將膏土貿易一律停止等因職道初定辦法擬立三限以六箇月爲一限如一年六箇月限滿之後仍不改業即將該膏店勒閉而大府謂一年六箇月後吸煙之人不能一律斷癮勢必購膏於香港澳門愈以利益外人命將此條改易同事諸君謂粵省向來辦事祇講敷衍禁煙雖要政勢難實行職道察度情形不得不降心相從目前暫慮與委蛇以俟後圖惟念前在鄉里以紳士辦禁煙則阻於官吏之徵收膏捐今日來粵操官吏禁煙之權欲停

減膏捐而仍不能得每誦　聖諭鴆酒毒脯之言良深嘆息

上鹿中堂己酉十月

九月十八日曾肅寸禀略陳此間辦事情形並附抄件計塵鈞覽煙膏加價一事於籌款有益制軍頗思實行而事關交涉不無顧慮曾面詢如有意外阻撓能否擔任當答以按約辦理並無違礙凡有交涉願任其責制軍似亦首肯惟既批司局核議則築室道謀習成推諉且聞善後局以事涉籌款謂侵其權限不樂贊成刻計已閱五旬仍閣置未議不知稽查銷數寓禁於徵非此不足以強迫吸戶之戒除伏讀本年二月二十四日　諭旨禁吸禁種及籌款抵補稅釐三者相爲表裏於抵捕一事既責之度支部仍諭各省督撫如有抵補良策亦著奏陳備采　聖訓煌煌並未謂任禁煙之責者不當兼及籌款舉此隅反似職道所擬辦法不得謂之侵權且粵中如能辦成沿海各省均可仿行於抵款既得大

宗於禁煙亦收速效統籌兼顧無非公家之利職道賦性耿直不能依違徇俗久邀洞鑒每嘆近日舉行各項新政大都耗財而無實效惟禁煙一事於財政風俗兩有裨益然辦事掣肘如此前稟所陳仿照監理財政官之例未知鈞意以爲可行否倘蒙采納不獨粤省生靈之福將海内胥拜仁人之賜用再縷陳

致林惠亭　庚戌十一月

近得都中來書鈔示各省諮議局呈請資政院提議縮短禁煙年限定於宣統四年冬季一律禁絶聞此議實倡自執事又聞電致英國禁煙會期中外合力同心去毒蕪籌毅力欽佩良深查原議注重兩端一爲各省一律限期禁種一爲土藥嚴禁互輸譬如用兵先清内寇而後可禦外侮所論極爲扼要每念先朝　諭旨有洋土藥同時禁絶之語竊觀今日各省辦法大抵因瞻顧洋藥之隱情遂成寬縱土藥之現象究其瞻顧之由仍以抵補稅釐無確

實款項之故默審目前下手之處祇有以重徵為速禁之本粵省自開辦牌照捐後煙價日昂吸食之人不能不減癮斷戒自五月至今甫及半年洋土藥進口之數較上年已減少六千四百餘擔此即明效大驗而數月之中所收捐款已有洋銀五十餘萬元敝處章程本擬三十箇月禁絕以三箇月為一期膏數按期遞減捐數按期遞增預計扣足一年當可收至三百萬元台從臨行鈔呈各件內即有此章程計邀察閱惟鄙人初意此項辦法原擬推行沿海各省而粵省至今尚未出奏但於九月初咨呈禁煙大臣外務度支民政各部前見閩省請禁土藥輸入之奏已奉　俞旨仍經部駁竊窺部中用意殆慮統稅短收籌抵無策若仿粵中辦法則禁煙籌款似尚兩不相妨如執事俯采芻蕘或與同鄉京官聯銜奏請飭下閩督查取廣東牌照辦法酌量仿行則閩粵一氣於禁煙前途益增助力從此江浙各省亦可次第推行計至宣統四

年尙可收款一二千萬兩卽洋土藥亦不待嚴禁而自然減少此千慮一得之愚尙冀執事與都中同志諸君子統計而熟籌之

與鄒紫東　辛亥九月

山左業經取消獨立而吾鄉冥頑如故甯蘇本係一省乃自相殘賊且恐禍變不已揭竿而起實繁有徒卽蘇常兩郡亦未必遂能安枕頃見山左京官通告同鄉父老子弟書委曲詳盡反正之機或由於此閣下與蔚若侍郎負桑梓重望盍商諸元和相國挈同通省京官貽書程中丞從速改圖以中丞之明決如能幡然效順則一紙書賢於十萬師矣而諸公之造福梓鄉化危爲安其功德亦詎有紀極耶玨手無柯斧蒿目時艱徒增慨嘆

與劉幼雲　辛亥十月

自漢陽克復山東取銷獨立大局略有轉機而江甯又爲革黨佔據似此迭長更消哀我生民何日得以免禍弟頃追尋歷年致亂

之源及目前弭亂之策似不在君主立憲共和立憲問題要在蠲
除苛政固結民心貶斥昔日黷貨諸臣以肅官常按問各省守土
大吏以飭國紀凡不遵　朝旨顯有叛迹者速籌正當對付之策
揭示綱常名義蓋此次亂事始由兵變繼則民黨和之驅逐官吏
倒戈相向目前祇能停戰議撫而不可云議和立定宗旨相機應
付海內或尚有轉危爲安之一日否則蜩螗沸羹恐生民之禍正
無已時也

與鮑潤漪（辛亥十月）

近閲報紙派員至武昌議和紛紛隨往者二十餘輩夫潢池弄兵
古來恒有此次響應雖廣亦祇可云議撫而不當云議和乃揆之
中外人心尙惟恐不得一當綱常名教掃地盡矣此後世界當是
另一局面弟已屆懸車之歲從此絕意仕途溷跡樵漁以終天年
亦分所應爾惟念世道人心披猖至此當思碩果不食即剝極而

復之機今抹倒天澤名分擾攘不安者乃吾桑梓之鄉義當大聲疾呼一振聾瞶得寸得尺收效惟力是視每中夜徬徨屈指徧數同志惟公學能衛道識足匡時而又慮事精審心思才力過弟十倍今既謝事閒居似亦造物留此待公如能北來聯袂入都一伸正論挽回浩劫丈夫生世固有磊落軒天地者不第桑梓蒙福已也

上陳伯潛侍郎 辛亥十二月

前月中旬晋謁備聆壓教憂國之誠溢於言表無任欽佩月杪到京再謁妄擬一陳管蠡之見適值公無暇未得瞻對爲悵君主共和南北各持一見然係政體之爭儘可釋甲投戈各行其是安用塗炭生靈今且迫脅　朝廷妄求遜位此殆奸人覬覦神器藉以恫喝國務大臣天潢近戚唯阿曲從四維不張滅亡將見幸蒙藩効忠軍界抵抗稍緩須臾現距停戰之期不過數日解決之策倘

無所聞北望觚棱憂心如擣前曾擬一說帖呈遞內閣茲謹錄稿恭呈鈞覽雖已成偏安之局較之共和遜位所保全者尚多且持此應付各國賠款外債均不落空在我尚佔先著惟此稿呈遞已踰半月未聞閣意云何環顧今日正色立朝志扶危局在　帝左右朝夕納誨者惟鈞座一人用敢冒瀆上陳儻蒙采擇造膝進言冀於大局挽回萬一不勝悚惶待命之至

附錄上內閣說帖　辛亥十一月

大局阽危和議中梗　朝廷俯順輿情詔開臨時國會將來結局殆不忍言蓋民軍佔據已十二省此十二省之代表必主共和以外十省雖不贊同而受其煽惑畏其脅迫盲從取決自在意中不獨　皇室不能保全且慮各省競爭互相殘殺　朝廷不忍生靈塗炭而屈意議和革黨乃肆意要求而殺機益烈此普天之所共憤萬國之所不直者也爲今之計莫如提議將奉

直吉黑魯豫秦晉甘新十省及蒙藏回部仍用君主立憲政體南方各省則聽其設立共和政府期以三年以觀實效如三年之內北方安靖而南省擾亂則三年之後南方將共和政府撤消如南方秩序井然而北方政治敗壞則北方亦將政府改革南北政權仍統於一以此議付各國調停似勝於國民會議或謂人才國用取給東南如此則南北分裂無以立國不知西北不乏人才朝士仍多南籍魯豫物產殷盛京畿鐵路灌輸元魏遼金皆在北方未聞匱乏如慮賠款外債南省不肯均攤外人不肯承認則竊有說於此海關抵押賠款外人正在籌議不如因而利用監督稅司之權屬於政府海關收入之數悉繳銀行此外以他項作抵之款則分別輕重商議展緩但能應付得當究係權自我操似此和平解決各國商務不至受虧諒無不允保 皇室而奠羣生計無逾此愚慮所及謹以上陳伏維采擇

與龔子達 辛亥十二月

今晨閲報讀　詔書可爲痛哭弟雖現無官守然束髮入塾即誦論語至聖有言君臣之義如之何其廢之不意今日中華竟成無君之國此等庸妄奸人決不能久存於世其敗亡可立而待吾輩嘗拭目俟之

與許九薌 壬子正月

閲報知台從已入都想尚未能忘世故有此行然時局至斯萬無留京之理富貴一時名節千古以執事之賢不可不保全晚節也

復于晦若侍郎 甲寅十一月

前承囑覓湖山勝處擬就敝居敝邑西南十里外有管社山濱臨太湖風景絕佳頗可棲隱惟近來湖中時有宵小結隊爲探囊胠篋之事似以城居爲宜遇風日晴和時或散步或舟行來此流連遣興儻看花賞月偶爾下榻亦可得少佳趣如閣下不棄來此同

居俾可朝夕常聆淸誨尤爲快事

復王蘧承　壬子二月

此次滄桑之變有出情理之外者兄交卸一事如在去臘二十五日共和宣布之後即立時乞假請代告以守先人遺訓萬不能爲民國官吏決然舍去名正言順上司既不能阻止百姓亦不敢挽留刻已荏苒四旬時移勢易業既因循於前似難迅速於後此時爲兄計祇可據實瀝陳慮以衰病貽誤懇准交卸既有高守准假委代之事即可援以爲例猶憶己亥冬間與兄同寓邑館寒燈對話曾以吉人爲善君子固窮二語互相策勵兄此時印信在手且專就吉人爲善四字盡心保衛閭閻聞彼處民情尙愛戴攀留民之所歸即天之所佑想早晚可出險入夷也

復程雨亭　壬子九月

承示杜門養痾愴懷滿目此情此境異地同心顧竊念之易文言

傳天地閉賢人隱故有括囊无咎无譽之象然坤六四一變爲豫其爻曰由豫大有得勿疑朋盍簪其象傳曰由豫有得志大行也是此爻不動則爲括囊動則爲朋盍簪吾輩遭此時變返求寸心所安似不能以括囊作自了之局閣下與夢公及鄙人論年雖屆懸車論所値則尙宜發軔夢公邃於經學試以鄙言質之如楚邱先生之告孟嘗君者可援以自壯也願大君子勿以滄桑墮志撥亂反正道不遠人

復庵遺集卷二十三

復庵遺集卷二十四

無錫　許玨

家書節鈔

與二弟

得耀翁書知弟到彼尚可一同赴萬到局以後凡事總以謹愼平實爲第一要義司事㧾丁之弊竇務必竭力剔除使利歸公家不歸中飽自然商民稱頌於耀翁有益於弟亦有光也

聞萬縣局事甚繁關繫極重弟係季懷所薦耀翁諒必倚任耀翁於核算一事不甚精細季懷深恐其爲人欺蒙特囑弟細心核察務將書吏司事等朦混之弊澈底淸查收數若干總以儘徵儘解爲第一要義弟到川第一次就館能提起精神辦理得好以後之事自然順手兄候弟立脚稍定決計回里家有老親萬不能兩人同作遠遊故於弟此番之事十分注意要淸查他人弊竇須自己

先立於不敗之地潔己奉公早起遲眠帳目一手經理自然妥當

以上庚辰

所云此間軍務保案兄生平不肯開口求人况此等無足重輕之功名實亦不願凡人立身各有風格兄雖久處貧賤然於名利二字極有斟酌現在宮保相待較前更加敬禮兄有所言亦多聽從將來自有際遇正不必急急也

人生行止聚散皆有一定趁此時稚公待兄尚厚又借鄉試爲名毫無痕跡兄前年來川時曾自誓不取非義之利不冒無實之名至今三年幸能克踐斯言不過家用艱難旁人觀之未免笑其迂腐耳

以上辛巳

弟來信言無意做小官只求在貿易場中想法所言極爲有理但以目前時勢而論即貿易亦甚不易得利自去年法人事起東南數省市面極壞故貿易可做目前却非做貿易之時大抵做小官

只要有人照應亦不必十分卑鄙其所以可鄙者由其人自己無恥非小官盡要如此也 甲申

欽使張樵野京卿到京閣中堂許老師公同舉薦兄出洋欽使具摺奏調奉

旨允准出洋之後母親年高似須有人侍奉弟如能回家就近覓館最好 乙酉

接家書知弟定計回里已於十月內在瀘州起程極爲欣慰兄從前出門每每不久即萌歸念者總因母親高年我兄弟皆不在家之故今弟既安心回家侍奉兄亦可定心在外自明年正月起兄每月寄洋十五元爲弟處家用以後弟既在家須按月發信以免懸憶 丙戌

弟此番之歸原爲侍奉母親其所以能在家侍奉亦由兄入款稍裕之故正不必慮及兄處費用浩繁不能兼顧心中不安也大凡兄弟之間銀錢一事總以無分你我爲是昔年兄用弟之錢從不

放在心上弟今日亦當如此若因存一不安之心輾轉又想別謀生計兄在外聞之反不樂如離却母親出門圖就兄心更不能安又要思歸矣

來信云母親精神日差則兄在此刻刻躭心亦非所宜擬候欽差歸後卽行回華兄於名利二字頗看得破凡事總須權其輕重也母親秋涼後已漸復原否兄本擬十月內動身惟近日斟酌情形又有不能回家之勢母親前望弟善爲寬解今寄回洋六百四十元內五十元可於年底酌量分送親族之艱難者此次望弟作主照單開之數一一送與但願將來母親九十大慶時照此加十倍送人則闔家之慶也靑山墳明春決須修理現在族中兄弟子姪輩不下三四十人惟吾家氣象尙算興旺今年福兒又僥倖入泮此皆祖宗庇蔭之故若此等事以後再不上緊亦非善承祖澤之道兄祖墓關係合族風水若族中多幾家溫飽較之一家興旺豈

不更好乎福兒喜事祇可照從前吾弟辦喜事之帳非但省費亦正所以惜福極多亦不能過二百金年底分贈各家五十元家中切勿自用一文以慰我心至於送人時只說母親之意亦不必說我意更好但願人人感祝母親自然身輕康健矣此效驗勝於看經念佛十倍也至囑交十二月初便可送人不必待至年底（以上丁亥）

福兒喜事未免世俗濫費兒意不以為然至於家用一切日就寬綽合家之人不知稼穡艱難此更可慮兒外間進款無多況轉瞬滿差為期已近若要會試則不過半年之局此後又將如何（戊子）

嫁女擇壻只要家世忠厚子弟能讀書即清貧亦不妨切勿貪慕一時之富貴此事可與家中諄切言之

兒此次出門原因有弟在家侍奉是以慨然遠行且弟在家照料一切則福兒兄弟亦可專心讀書力圖上進母親欲弟另謀生計殊不必也家中各用不能節省亦無可如何但兒意有必須分別

者如飲食衣服之類不能省一切虛體面浮費可省量力幫助貧苦親族不宜省兒女輩要長要短可省只此四句說話一切包括在內矣
近來諸事順利惟汝嫂多病者想因進款稍裕而家中不肯幫助貧苦親族之故以後准照我前信所說每月以十元爲度幫助親族兄之此意原爲要母親康健合家安好卽我在外年將五十精力漸衰若非祖宗保佑安見能三年平穩無事乎求神拜佛我所不信惟有照應親族冥冥之中必然默佑決不有誤
八叔父身後之事幸有吾弟相幫照料諒可無憾德大店事須吾家添本合做此是一定辦法八叔一生辛苦撐持此店將來一家孤寡靠此度日必須善爲經理其贏虧得失於吾家尚輕於伊家甚重也
新歲在卽惟祝母親大人福壽康強吾弟及合家之人平安如意

數萬里外惟此時時在念弟與兩兒寄信務必按月上中下三旬分寄如弟信係上旬則福兒中旬寄三兒下旬寄如此輪轉則弟等每月祗寫信一次兒却可接信三次即途中偶有耽擱不致久勞盼望矣以上庚寅

外祖家墳墓祭掃現祗亮卿嗣子在錫年紀太小尚無分曉我意自今年起吾家酌貼祭掃之費屆時或吾弟與福兒兄弟同往一拜兼爲照料可以得知某山某向墳佃某人則將來不致遺失現在外祖後人式微若此我等爲外孫者義當照管不容推辭也聞母親嘗言兒生後百日外祖已八十二歲親來看視甚喜謂母親曰汝已得子我心願始了歸後不數日即壽終今年兒已五十歲此語亦隔五十年矣思之黯然此後年年常去祭掃亦報本之義也

幫助親族是分內事但求母親康強無恙兒明春滿差回華歡聚

便是合家之慶以後弟於親族中有求相助者務望從厚賙恤每年共用若干兄當另款寄回不必在家中賬內算也至囑至囑兄近日在外念及母親年高時時思歸近日更覺心如懸旌此間十二月中旬即可報滿明年正月初旬可起程回華也

八月十三日午刻接閱六月二十七日書痛悉母親大人於閏六月廿三日棄世長逝肝腸寸裂早知如此前年決不出門也今日椎心泣血安能再見母親一面乎賴有弟在家親視含殮閱來書自初終以至成服諸事妥洽周到弟於大事條理井然毫無遺憾兄此刻悔恨莫及惟有即日奔喪回籍守制營辦葬事以盡寸心哀痛或可稍減若再強留在外久停親柩以待問心片刻難安勢必抑鬱成病現擬將經手事件交代清楚約九月中可以啟程兄志已決即欽差欲奏留亦決不肯留也

弟之所以勸慰我者皆是至情至理之言兄豈有不聽惟留待滿

差一節萬萬不能大抵仕宦之人遠離膝下不及親視含殮者十
有五六雖曰終天之恨究亦人事之常惟聞訃不奔喪則其人即
已同於異類出使章程原係援照軍營之例故丁憂者悉准留差
實則苦樂安危情形迥別近來隨使出洋之人大抵貪利忘親者
多故相習成風恬不爲怪兄少讀詩書粗明大義回念幼時父親
終歲客居脩俸所入悉以贍家母親辛勞操作節衣縮食獨於兄
從師一事不惜多金原欲期望後人顯揚光大若兄此時因循從
俗與不讀書人無別則一生大節先虧異日何以自立又何以慰
二親期望之心此其不可留差者一也母親臨終之事吾弟經畫
咸宜纖悉周至毫無遺憾是以衆口同聲稱爲福人然殯葬二事
必須一氣聯下若停殯不葬何福之有此時兄星夜馳回抵家之
日倘可件柩數月有歸裝銀千兩則喪費各項亦敷用有餘殯葬
二事一氣辦完此則人人稱羨方爲全福若必待滿差而後歸計

抵家已在夏初夏秋兩季不能辦葬必俟冬季則停柩在家者已一年半矣人子之心安乎且租住人宅久停亦不相宜此其不可留差者二也兄生性迂執此等大事時刻在心惟即日奔喪回家憑棺一慟胸中悲思日以漸解屆時經營葬務心有所寄自不致鬱而成疾若淹留在此終日傷懷居憂之時必無尋樂之理淒風苦雨觸景皆悲倫敦水土尤惡冬間煙霧煤氣最易傷人不過數月百病交攻萬一淹染成疾斯時欲歸不能欲留不可悔將何及此其不可留差者三也有此三端萬無留差之理當兄聞訃之初悲慟欲絕而昏瞶之中早已打定即日奔喪主意更不別參一見此間各人有勸留滿差者有謂即欲奔喪不必如是亟亟者究厥指歸終不外名利二字與兄意中三端全不相合欽使初欲挽留後見兄意已決遂不相強現定九月十八日起程大約十一月初旬可以抵家矣因來書諄囑滿差故詳晰言之至於日後家用布

置一切見面後再當熟籌固非此時所能懸揣也以上壬辰

墳上一切工料務必結實局面亦要好看此時爲子之心所能盡者惟此而已切切不可因手頭不寬打算省錢至囑至囑癸巳

德大一業原因八叔故後嗣孫幼弱代渠家經理不過欲保全此店不歸他姓並非吾家欲接管此業也現弟年已踰五十精力日減於此業既不相宜寶田姪將來必要讀書應試亦非幹此營生者兄意此後只宜將店中客本逐漸拔輕敷衍數年待八叔嗣孫長大即將此店交還歸渠經理方是正辦兄差滿回華後如或另有機緣局面寬展屆時弟可相隨同往老年兄弟總以多得聚首爲樂何必株守此一店乎甲午

今日閱江南題名錄知寶田姪中式快慰之至弟早年棄儒業賈主持家計半生辛苦得此捷音亦足見造物酬報之公然要亦祖澤所留貽吾父親母親積善所致也今日兄甚高興雖范兒藺兒

均未獲雋却不在意 壬寅

寶田姪聞近已就黃州府館是否書啟抑係教讀少年人總須喫些辛苦閱歷世事學問方有進境弟在家宜保重身體一切善舉可量力爲之

兄近來夢中常見大姊看來改葬一事今年大寒時候必須舉辦刻下可趕緊覓地地不必大但亦須成一局面尤以乾燥爲要憶甲子夏母親大病其時大姊言願以身代後數日母親病稍愈而大姊以急痧卽逝未始非誠孝所感後母親又享壽二十九年此事將來當由親族具公呈請旌則墳上亦須建坊宜預留地步也 以上癸卯

榮壽孀母故後其家以屋作抵此層似可不必現在兄之景況族中有事理應幫助在尋常泛泛之交尙且解囊慨贈此係有服尊長之喪若借錢以屋作抵非但被人譏笑亦且問心不安弟可將

我意告知爲要每思祖宗積善數世現僅發吾家一支自應以祖宗之心爲心溯伊姪既登賢書目前吾弟栽培之道亦不外此接溯伊姪來函知到東後所學無甚大益而每月須花銷洋三十餘元官費一層有名無實兄十數年歷見赴東游學之人有損無益溯伊行止吾弟可細心斟酌如以官費生去留不能自由則當諭令事畢速歸爲要日俄戰事未了彼國人心難測當道不求實際但知以興學爲美名安知此中伏有種種隱患吾弟年已六旬祇此一子不可不愼重也以上甲辰

前年兄在家時拜掃外祖墳塋見已坍壞現在福奎諒無力及此必須吾家代籌如今年山向通利望於秋後諭知墳佃趕緊動工需費多寡可不必計當另款寄歸每念母親一生辛苦持家教子兄祿養未及罔極之恩莫報刻擬爲外祖父捐請貤封立碑墓上稍盡寸心其墳上督工等事可令萊兒隨時往視藉以習勞吾弟

不必親往也

西門老屋基地既願歸併自應接受以備建祠之用老屋地基如一時未易購回且行從緩兄意祗擬建造家祠及書塾不作住屋無須汲汲 以上乙巳

諭同范

我現在定見進京所囑付汝者不過認眞讀書做好人兩事讀書之法照我所定課程其中如有來不及之處酌爲裁減一二亦可做人之道汝只每日淸晨將小學看三五頁自然心收意歛眼前叔度豫巖兩先生即是做人樣子汝肯學他我便喜歡不盡矣汝云近看太極圖說西銘尙能明白西銘命意闊大文詞亦明達易於領會太極圖說甚精微一時頗難索解汝云明白恐未眞明白也汝既讀此二篇想必看近思錄此書中有初學一時不能明白之處汝閱時可將胸中了了者用墨筆逐句圈過其不能了了者

不必圈其有最喫緊處心所喜者用密圈閱訖後看第二徧將未圈者細心先看如稍有悟境再用硃筆圈出其不能解者仍不必圈閱訖再看第三徧另換黃紫藍色筆大約看至五六徧無不全通矣每日不必多看但以半時為度或晨起或將睡如此不就別項課程看此書可以收歛放心澄清惰氣不獨增識見亦可長精神又此書必與小學兼看立身規模小學言之尤詳此書所言則正心功夫居多不參看不知二書之用意也

讀宋儒書從事性理之學原係自己做踏實功夫除求先生指教講解外切勿與人談論此是闇修之本再我近來與汝之信凡說及用功者須收好藏著時時取出閱之便與覿面教訓無異丙戌

先生來信云汝識見未能開展須以古人之書廓之此言深合我意人之氣質雖由天定多讀書亦能變化吾邑工舉業之師尚有其人真識讀書門徑者卻少叔度先生於門徑甚真汝能循循處

心聽受將來獲益不淺
鄉試汝既要去我亦不便阻汝實則此事須有工夫不可妄圖僥倖我現所望於汝者只望汝讀書明理節用安貧此是人一生學問立脚處以上丁亥
汝來信云功名兩字看之甚淡此語却非我前信囑汝不必鄉試者因汝工夫太淺毫無把握之故非欲汝薄視科名也總之人既讀書刻苦上進之心不可無富貴利達之心不必切汝守此兩語可以知讀書應舉用心亦有一定分寸不必看得太濃亦不必說得太淡
我今日在此仍是寒士就館之局非官場闊綽可比去年我信中曾云喜事不得用過二百元故此次寄歸之銀仍照此數將來汝弟妹喜事我意俱以二百千爲度不多用一文且必須汝弟能處館教讀後方與完姻此則寒士家風可以綿延世澤者也

鄉試錄遺萬一不取切不可營求聽其自然可也此係人生立品關頭不可隨衆我深知近日家用支絀而於戚族之艱難者總欲稍稍貼補緣我今日進款比在內地處館時多故目前不能不厚以待人而儉以自待若合家皆存此意便可感召祥和

汝刻下近思錄尙看否如看此書心中未能浹洽即看高子遺書亦好內有洗心說一篇最可針砭俗腸大抵士人立品不外耐饑寒勤學問六字我前信撙節之說尙是享現成家當者說法若論吾家子弟竟要熬得饑寒方有出頭之日否則瞻前顧後一步不可行矣

叔父現既在家汝以後可安心讀書歲試在即務須努力用功處館授徒係寒士本等事業明年或出外教讀或在家課弟妹均可此與自己用功兩不相妨汝於幫助族戚一層尙未知我用意古人云待有餘而後濟人必無濟人之日論我家今日境況債負極

多人口漸衆安有力量及此但一年所費不過二三十元家中能於窮苦親友面上寬用一分即我在外境遇順利一分故於此等處不必計較也至於家中諸人添補衣服一節惟有汝母督率女兒新婦趕緊學習紡織縫紉之事今冬可雇一僕婦專令織布以便家中人人學習我幼時尚見祖母紡紗及用僕婦織布之事十餘年前見汝舅婆亦尚如此近來兩家光景並不寬裕而婦女之安逸較前大異此事關係家運不可不竭力挽回也總之家中今日須及早想一寒士度日之法纔可長久至囑至囑我平生以志節自勵年將五十亦不肯爲妻孥溫飽之計變其素心此意汝等不可不知 以上戊子

汝處館所入亦有限一家用度不在館之有無也但不可因此荒廢嬉游度日耳切不可到茶館喫茶此中見聞既雜習氣尤壞切戒切戒經宜常讀史宜多看汝從前未讀十三經但如儀禮周禮

亦須補讀每日三四百字不過一年可畢亦不必爛熟能背只要
在眼前時時經過胸中自然記得久且貫通矣此讀書簡易之法
自來無人說過我於此却有心得汝可試之
科考既因病未去此亦不錯惟汝來禀有云中之一字命運爲主
又云下場再去一二次中與不中無容心專一似胸襟極恬淡者
不知此語似是而非不得不爲汝剖析言之凡言命運二字者乃
因文章工夫既已到家而仍不遇故以命運自安此爲居易俟命
之君子若未有分毫工夫而亦諉之於命可乎若汝文章工夫果
已到家而屢試不遇則我方將以命字慰汝若如目前工夫淺薄
安得不殷殷督責所謂愛之能勿勞乎
汝既有志讀書學做好人務須就切近處用功我八月中寄汝高
子遺書鈔抄篇目三卷曾否照鈔如刻下因科場已近作文無暇
可先就高子書中將此數十篇圈出時時潛心玩索必有所得但

能心地明淨則無論何等境遇皆不足以累心家中煩雜儘可視若無事也以上庚寅

汝云看書當時頗有領略而過後實無心得確有此境所以用功之人要記日記即是爲此汝以後但將當時所領略者隨筆記出待第二次再看所見或又不同便可以驗進境抄來文目五十篇選擇尚精袁子才文繩以理法多不合而才氣邁往頗足藥汝之病莊子文章胸襟卓犖絕世無雙足與孟子並駕齊驅至其精詣在藥人自賢自智之病破拘墟之見以進於高明廣大之域神而明之其用不窮不得謂其論過高不適於用也

場前旣未用功場後亦不必作僥倖之想凡應試之事盡其在我聽其在天若人事未盡而妄思倖獲即非君子之用心矣汝平日覦進取一途無甚關繫於應試極爲不宜於立志却無不合但須就汝性之所近或專治一經或專看一史宋儒性理諸書尤宜常

閱庶幾漸窺爲學門徑若既不專攻舉業又不研心經史則進退無據將爲廢人矣戒之戒之以上辛卯

來稟有專攻舉業爲歲考地步之語此意極是做秀才時專治舉業猶農人之治田商賈之蓄財漁人之具網釣樵人之操斧斤所謂本等事業也因治舉業而考索經史因讀經史而講求實用則沿流溯源之意也自明迄今五百年來凡眞正讀書人無有不發始於舉業者特不以舉業一端自限耳若舍此不務則入門一步先誤矣

朱子全書能自始至終看一徧於爲學入門可知大概正誼堂叢書采取太博又任意删節原文我前數年曾略翻閱殊不慊意黄梨洲明儒學案我未閱過姚江之學病在自立宗旨詆訶紫陽其超悟處亦多可取概以陽儒陰釋四字一筆抹煞亦非也陸清獻學問極醇正而局量太窄議論前人往往有過苛處湯文正曾貽

書規之（此書見切問齋文鈔）其所疑高子遺書中數端大抵皆吹毛求疵之見茲另紙剖析言之以解汝惑至曾文正祇於早年在京邸時講求爲學大旨於宋五子書具有心得必謂其得洛閩眞傳亦殊未確其學案小識跋一篇係乙巳年作時僅三十五歲其謂高顧之學以靜坐爲主所重仍在知覺今高子遺書具在何嘗專重知覺乎文正晚年言學案一書不必出以問世（此書在書札第三十二卷）似文正之意已不盡以學案爲然與早年所見已別其跋語亦豈足爲定論乎良知二字出於孟子原指愛親敬長而言自後人專以不慮而知四字當之末流之弊遂至蔑棄名檢不可收拾張楊園之學初從姚江入手後乃一遵朱子故有惜往日等詩吾謂楊園始認良知二字先錯若以愛親敬長爲良知亦何悔之有乎總之楊園清獻諸公立身爲學實有合於聖賢在本朝洵爲大儒第賦稟稍近偏執又目覩王學末流之弊持議多過激之處未必盡不刊之論

也汝喜閱此種書閱而能疑問亦是好消息吾甚以爲慰高忠憲之學並無可疑惑處其所造已洞達天人居安資深似在楊園清獻之上惟原書編次無法良楛並采精粗雜陳以致爲學宗旨淹沒不彰吾今節鈔此書去取頗慎現擬編爲十二卷視原書所收不及十之三鈔畢後凡於時事人名有應加注者有應發明者擬雙行附注各卷之後其文稍次而於時事有關係可資考證者另爲續鈔若干卷視原書亦當得十之三而高子書中之粹者盡於是矣至於判行此書遠則待十年之後近則五年倘難預定恐一或不慎取譏叢侮爲笑當世轉乖此日表章先哲之心耳寄來三月份課程單作字項下汝所作論箴時文各件何以竟未鈔寄一篇即札記中如所論高子遺書及近思錄等亦可鈔寄數則來洋以驗汝見識筆力也 以上壬辰

汝現擬看時務書講求經濟此志甚佳但經濟二字必由閱歷得

來汝此時閉戶讀書無從閱歷事非身親安能灼知得失若僅憑
申滬等報所述往往十有九虛其言中外時事雖高談闊論自有
識者視之不過矮人觀場之見無足取也大抵學問之事先成己
而後成物吾嘗謂大學格物之義爲格明德新民之本末並非格
一草一木之物致知即知明新先後之序亦非謂推極吾之知識
欲其所知無不盡也汝兄弟在此三年中當潛心經史不必泛覽
雜書徒亂人意果能如昌黎所云學有經術通知時事即他日出
而問世不患無具茲將三年中應看應讀之書開一清單寄汝能
就此數書中切實用功立身行政之道可一以貫之矣南菁肄業
諸君欲往上海方言館學習西文似非所宜西文一道非十年苦
功不能通貫而通貫之後實無大益辦理交涉事件全在器識器
識不宏遠徒工語言何用目前洋務乏才非不通西文之患患在
士大夫無忠君愛國之實心耳汝見南菁諸君可以我此語告之

倭事潰敗至此由於合肥不以忠信二字待國家其所用之人亦不以忠信二字待合肥上下相蒙以成此禍目前收束殊無善策我意此後回家竟作鄉居之計亦未可定目前世變足令志士灰心是非不明紀綱大壞甚非仕宦之時汝兄弟此時宜以讀書明理爲急世務閱歷徐俟他年凡事由本及末行之有序則用力少而收功多一切詳汝弟函中閱之自悉

閏五月初十日得藺兒四月十八日禀已悉汝擬講求經世之學有不遑他務之意經世二字賅括甚廣軍謀吏治事非一端汝果何所指乎聖門四科政事祇居其一不聞顏閔游夏諸賢皆以政事爲先也吾嘗謂今日洋務僅政事中之一項政事以人才爲本人才以學術爲基吾前所開示十書汝兄弟能潛心於此學術本原已正以此入世豈獨可辦洋務已哉至云和議雖定國勢日弱民生日蹙此論不爲無見然善後之策祇在得人果得其人目前

倘非不可救藥之症要之此等大事自有氣運存乎其間汝等此時總以思不出位爲佳孟子云士尙志究其所謂志仍不外仁義二字非游心廣騖之謂也

蘭兒半年來因倭患之故屢言講求時務我不欲抑其銳氣亦姑聽之實則皆隔靴搔癢之語徒荒自己舉業天下大事成敗利鈍樞機在於君相苟權位不屬雖大聖賢大豪傑亦祇可自居局外不能補救毫末即如倭事使樞廷譯署有人何至辦理荒謬若此自去秋迄今春我代星使所擬函牘不一凡論敵情及英俄各國隱衷事後無不脗合如照所擬條畫區處亦可挽回十五而譯署概付不答近日總辦來函云尊處所見事事高人一籌先人一著惟各堂憲於信到後總不置一詞可否其言若此故吾謂此番倭事實有氣運存乎其間非激論也吾非徒講舉業而不知時務閱歷多則見地日造乎實不欲汝等以虛懸無著之見尋聲捉影空

費日月耳汝兄弟如果立志向上欲求經世大略在乎擺脫俗見不以富貴利祿動其心食貧居賤事事從庸行庸言切實做工夫自有豁然貫通之日非必舍去舉業而別求所謂時務也白日莫閒過青春不再來勉之思之 以上乙未

來此半月所聞所見仍是泄沓氣象樞廷諸公有見有未見大都無以人才政事爲念者視昔年閻許兩師在時情景迥不侔矣合肥見面頗謙和不似從前驕倨氣象與外間所聞殊異言及時事則云毋徒爲杞人之憂新放出洋欽差三人貲淺望輕都中嘖有煩言此後辦理交涉事件總是江河日下之勢矣 丙申

吾去年出門後歲暮在京購得李二曲先生四書反身錄一部時時檢閱頗有所得大學三綱領八條目其樞紐全在物有本末一節而尤以知所先後句爲眼目格致誠正修齊其先也治平其所後也吾自幼讀書志趣亦頗不凡惟於知所先後一句似少體會

近年東奔西走債負山積亦緣專在時局上用心不就自己身上著想以致受累如此每念今日家中窘迫不免自悔然此刻仰事俯育自是汝兄弟二人分內之事但能布置妥貼便是齊家能料理今日家事即能料理他日國事無二致也 戊戌

官場勢利二字最易誤人無論做官作幕須先將此二字看淡方立得住脚好做正經人程子所謂見其大則心泰也閱汝來禀似已不免爲世俗所動吾命汝出門亦欲汝稍稍閱歷世故並非望汝做官發財至於家中不曉外面情形來函要錢汝但置之不答可也 己亥

汝在程公署中多看好樣觀其廉儉可法之處將來自己入仕途亦有把握不致沾染習氣甚慰甚慰我於廿九日又接到錫中丞手書因晉省現辦教案無提綱挈領之人盼望速去刻已准於十二日起程攜汝弟一同赴晉矣

籌餉一事我自奉委後卽與司道商量凡所謂籌者當以民情順逆爲衡第一須聯絡正經紳士方得官民一氣血脉流通現在廣雅書局內設一籌餉公所不論候補人員在籍紳士皆許條陳籌餉利弊親到公所面遞我之主意早已打定決不擾民以副　朝廷軫恤閭閻之意 以上辛丑

考察大臣聞已起程在途計六月中旬必可抵京都中已設考察政治館風氣所趨但問新舊不計是非我却不願附和人生祿位自有一定行吾心之所安而已

我到京已及三月仍住會館目前情形無事不紛更迴非昔年安靜氣象極可憂慮我此時既無官守又無言責進退之際本屬裕如現在外洋駐使回國大抵奉本初爲依歸我素性戇直年踰六旬實不屑爲此 以上丙午

明歲新年我並不稱慶卽生日亦不舉行因尚在叔父期服中情

有所不忍也 辛亥

時局敗壞至此綱常名教掃地無餘有志之士不宜仍在仕途子興與汝交誼頗好然汝爲民國官吏實非我之所願可止則止須自定見 壬子

諭同龠

汝從前所讀經書每日須溫理多則十首少則五首不必爛熟可背誦只要常在眼中經過下筆時便能運用心思易觸發於作文有益若能體貼聖賢之言在自己身上理會則可以立定志向鍊成人品於作人更有益切勿拋荒

汝云溫孟子頗有所見此書好處須與戰國策同時並讀方見立論正大籠罩一切之概汝讀國策不下百篇須時時溫理作孟子題自然議論開拓波瀾動宕矣十三經須挨次溫理如若忘却便與不讀同我從前教汝一番精力豈不可惜

汝來稟云明文格局高渾筆意深刻國初文胎息六經出入史漢故能氣厚思沉所論俱不錯又云明文國初文可揣摩者少惟方氏兄弟之文深入顯出有門徑可尋最爲可學所見亦頗有心得然我意目前下手功夫却不必如此百川之文心精筆鋭望溪之文思深力厚皆卓絶一世而百川文境尤高非初學所能學步且以之應試亦不甚宜又其中實在佳文兩人俱不過十餘篇汝可善爲選擇訂成一編置之案頭時時諷誦領略其胸襟氣韵已足不必全力摹仿昔人論應試文字謂須思力迴超流俗聲情極合時趨此二語可包括一切

士人立志不可不高須有食無求飽居無求安之意昔人有云齩得菜根百事可做又云富貴福澤將厚吾之生也貧賤憂戚庸玉汝於成也境遇豐嗇何足計哉 以上庚寅

凡既讀之經宜時時溫誦未看之史須一一涉覽然此事亦須從

師我已函告豫巖先生請伊爲汝定一溫經看史課程務必日日照行每隔旬日俟先生回家之期汝到先生家中將課簿呈覽有疑請質或隨意作史論經解及律賦等卽請先生閱改亦可若定見明年要小考則刻下急須從師作文至於豫巖先生無論作文不作文總須兼從每旬一到伊家聽其議論以求變化氣質至要至要

舉業不患妨功惟患奪志汝說似是而非不可不明白剖析朱子所謂妨功者妨進德修業之功如今日作文今日卽不能用存心養性工夫是也奪志者奪正誼明道之志如因考試便生患得患失之心流入鄙夫行徑是也朱子謂不患妨功可見因作文而暫輟存養功夫原不礙事惟因考試而患得患失奪其爲學之志則不可耳

觀汝文章於淸空一派相近但題不一類儻遇莊重典雅之題以

此種文章應之便枯寂寒儉矣作文須八面受敵方可汝以後讀文宜多選沈博絕麗運用書卷者讀之可以藥汝之病又閱文時須先將題目分類編開則文之平奇濃淡各有所宜不以一例限矣以上辛卯

近接豫巖先生來信聞汝與人言敗壞天下事者八股也此等狂妄之語在無識之人聞之似乎議論闊大若被曾經學問之人聽之眞不值一笑我意並非偏重八股亦不喜人僅做八股但我深知此中甘苦且念數十年來仰事俯育皆得八股之力不然平生素性高亢其免於仰面求人者則以平日稍有文名他人先來延請故也汝年將二十不思自立之計豈庇蔭之福可長恃乎天下事與汝今日無涉汝刻下但盡弟子之職隨事循分體貼親心可也豫巖先生人品純潔心地篤厚與我交好三十餘年始終如一自是無錫第一等人凡少年人之成就全在親近賢師益友若見

正經人遠避便非好消息矣至囑至囑
昨得來稟幷試藝一首閱之甚爲欣慰小試場中作此種文字本
不相宜邑尊獨能賞拔自是文章老手在汝得此師長眞有知己
之感與尋常賞識不同以後當益加勉勵所言讀國初諸老文當
取才調而氣象雄壯者毋以淡遠爲高尤爲不刊之論宜謹佩之
以上壬辰
與人相處要在介而能和味柳下惠由由與偕四字氣象最好
近日能否坐定立有課程目前用功總以立志效法古昔聖賢爲
準溫經當玩味大意若何躬行若何及物勿瑣瑣於考訂之學讀
史當究心治亂之本勿屑屑於記憶故事斯爲得之時文試帖多
做少做隨汝意爲之但不可竟荒廢耳士人立身可隱可仕原無
一定若時局日非卽不仕亦可汝年尚少總以培植遠大根基爲
要曾文正公家書胡宮詹弟子箴言此兩書可常置案頭時時閱

之淺近而有益身心較他格言尤易動人也以上甲午

汝來稟云時事甚亟正士人一日不可空過之時而汝病廢數月甚以爲歉汝此言立志可嘉而燭理則未明孟子云士以尚志爲事所謂事者居仁由義而已若時政之治亂得失正孔子所言不在其位不謀其政者也大禹惜寸陰亦身任治水土之責故如此孟子以爲與顏子之簞瓢自樂易地皆然論孟書中此等處正耐人尋味吾三十歲以前頗有范文正以天下爲己任之願厭薄時文喜講經世之略迄今時過思之未嘗不悔 蓋由君子觀之此等念頭正所謂出位之思憧憧往來復何益乎學問之道在求放心此亦放心之類也

時事多艱西文一道誠不可視爲無關輕重然中國文理不通即西文精通亦無用此弊人已知之中國道理不明即深明西法亦無益此弊人尚未知又西文一道時人以英文爲用較廣多樂習

之實則英文各書所論時務出於英人手筆多偏袒己國僅係一國之私見不可盡信目前姑習英文將來如欲流覽各國之事必改習法文方有實用至於西人法度機器等書更不必觀儒生致君澤民自有大者遠者應當究心此等藝事尚不足附於不賢識小之列偶一涉覽原自無妨但不必列入課程每日能添靜坐工夫休息此心使常有湛然虛明景象更好 以上乙未

目前境况雖甚窘迫較之三十年前汝母初來時究屬不同昔年苦况汝母尚且能耐守豈今日反不能耶即十餘年前甲申乙酉歲在京時局面汝亦親見全係典質移借度日當時我意興甚豪並不愁悶古人有言士大夫齩得菜根則百事可做汝務當知此意 丙申

世態炎涼正是磨鍊英雄之妙藥近十餘年來汝兄弟享蔭下之福不知生計艱難人情變幻一味悠悠忽忽未嘗發憤用功故不

能出人頭地以至今日汝兄弟處此境地惟有困心橫慮力掃世俗之見求盡人子分內之事毋圖一己之安自然竿頭日進又何世態炎涼之足計乎易曰不遠復无祇悔元吉汝當三復斯言 丁酉

館中居處極適大可讀書養心此後能專意與古人酬對講求切己之學務其大者遠者此一片靈性尚可不汩沒也飲食不適口但一意發憤亦無暇及此當思范文正公斷虀畫粥之意是何等氣魄勉之勉之 已亥

冬月二十五日上車後途中大風是晚宿中牟縣二十六日風雪交作寒暑表降至二十五度晚宿鄭州二十七日天氣晴霽宿滎陽二十八日過汜水縣三十五里至老犍坡宿在山頂居住二十九日午後又雪宿偃師縣初一日大雪至雒陽縣宿此次行六日程而四日風雪可謂極行役之苦矣然意興却好不甚覺疲憊也

汝於何日起身山西之行細思且緩遇意中拂悶時須思孟子生於憂患一章吾輩此時雖未必天降大任而動心忍性增益其所不能却是現在實在用力處

清帥天資篤厚在今日大員中極不易得汝既相從左右當一心師法觀其辦事結實存心長厚之處異日亦有以報知己　辛丑

署中可專心讀書用功最爲難得之事汴居腹地見聞寡陋此眞樸之風未散最是好處如江浙近日風氣人人談新法乃大可憂慮之事識見長進只在隨處留心不在新奇也　壬寅

瑞士山水奇麗明秀而不甚雄偉中國蜀浙兩省未嘗無之其不可及者在藉此勝地爲富民之計眞令人百思不到風俗之美尤爲歐洲各國所無我現擬采用其意他日回華在太湖之濱洞庭之麓照此辦法於桑梓之鄉可以別開生面造福無窮但非先禁絕鴉片亦無從下手耳　癸卯

時局日艱仕隱兩途最宜斟酌必眞有濟世救變之志自以用世爲宜否則守拙自安領略道味減損世緣一邱一壑自有樂境第仰事俯育之累却須善爲料理陸梭山治家節用之道不可不講求也 甲辰

趙公心地仁厚操守廉正在大僚中不可多得可爲師法汝若能長久相依亦是佳事其筆墨極講究汝能虛心領教必可得益至於今日外交之事本不易辦上年已有簡放東三省總督之說刻下奉天俄軍儻退日人能否如約交還儻奉 旨赴任汝自應隨往藉可歷練切勿畏難自阻値此多事之秋既欲涉歷仕途萬不可存趨避之見甯拙勿巧但臨事須謹愼小心耳汝於公事筆墨向未學習牋奏一道尤不能率爾觚操近見上海所刻李文忠公奏議朋僚函稿外部函稿此三部書極有用不獨事理透徹即下筆輕重亦甚斟酌常置案頭可以隅反我近日閱過一遍其中交

涉諸事曲折多有向日所未聞者亦可見其用心之苦矣

汝來禀自知無擅場勝人之處此言極是從前只爲目空一切所以自誤至今此後當痛自刻勵學問之道不求勝人當求自得就汝質地所近以多看性理書爲宜我去年看二程全書今年看朱子文集悉心體認頗覺得益即論洋務亦似觸處洞然頭頭是道此意祇能自喻不足爲外人言也

學堂課程繁而寡要此弊各省皆然不獨都中大抵教育之事必爲師者深造自得就其甘苦親嘗之境酌定規程然後可以教人今日學堂先生弟子均係一鬨之集豈能造就人才前囑汝看理學書乃爲汝陶淑身心起見此半年中可切實鞭辟用功世俗詬病何足計也

汝目下情形與前數年不同不必急急謀館爲贍家之計當務其遠者大者我上年欲汝赴蜀原因濤帥倘可依託不失良禽擇木

之義趁此時候留心吏治民生爲涉歷仕途之計既不赴蜀自應閉戶刻苦研究學問尙友古人今試思此三年中東奔西走耗費不少營營擾擾究於身心何益乎科舉已停有志之士祗有潛修一著抱道自重而已豈暇與外洋留學生較短絜長乎前函囑汝多看理學書意即在此 以上乙巳

時局若此將來必受日本留學生之累厝火積薪良可憂慮 丙午

近來新政最無益而有害者惟各省練兵然大吏中無人敢言其非近又議海軍海軍較陸軍雖稍切要然無人才無款項鹵莽粉飾兼此二弊徒貽外人訕笑耳汝既司軍政科新舊之際此正宜用意研求不可因公事淸閒虛抛歲月 己酉

東省借美款經營不失爲中策惟人才缺乏不知實效如何目前救時樞紐只在一實字汝來稟每言署中公事極簡不知身所處之地乃係極有作爲之地外則强鄰內則積匪土廣而荒民貧而

惰若確有所見詳爲區畫上書帥座不日卽可見諸施行汝從前隨我出洋學習英文當時期望汝之心亦甚遠大汝宜振作志氣力求進取不失狂簡家風切勿誤以怠惰爲淸高至於保案薪水此皆庸人之見不宜使入方寸自趨窘步 庚戌

今年各省均苦霪潦洪範恒雨之咎按諸時事信而有徵然以新學視之則固天變不足畏也奈何奈何莊河廳之事緣辦新政斂錢而起益信財聚民散之說確不可移此時澆風日盛圍署劫官視等泛常若不從本源上早籌挽救之策恐以後日益多故耳稅務最易叢弊現雖非旺月却不可大意汝初當外差尙少閱歷用人一節尤宜留心察看至囑至囑

刻下政府已派員至武昌議和諒不久卽可就緒然不曰議撫而曰議和此後局面另一世界吾生平志在兼善而遭此時世不能俯仰從俗從此祇可絕意仕途混跡漁樵自適己事而已

當此時局收數能斂比較已是大幸鄰局之事以後似宜容忍不必再與度支司電爭致啟嫌怨亦明哲保身之道也 以上辛亥

時事紛亂若此局中公款無絲毫損失并長收至三成以上吾心甚慰具此見地不愧家風凡遠大事業必以操守清廉為本欣喜無極

本月我生日津寓並未舉動遭此滄桑大變祗以手無斧柯不能補救毫末苟全性命百念俱灰即汝在局是日亦不必讌客以重吾過

汝勸我以陶淵明徐俟齋為法目前時局與陶徐二公所值之時同乎否耶 以上壬子

我自滬上歸後旬日之間兩次眩暈傾跌醫云鬱火所致肝陽上升若轆轉不已遽成中風之症勸以不問世事游心虛靜前日潤漪丈書來亦謂我病憤鬱交集方寸非老年頤養所宜諷我玩老

莊而叅禪悅藥石之言誠足鍼砭吾病然孟子有言人之異於禽獸者幾希庶民去之君子存之七十老翁縱不能力挽狂瀾不敢不勉爲君子汝曹奔走衣食亦當思不飲盜泉不蔭惡木之義庶合古人大德不踰閑之旨至囑至囑

汝此番出門未蔭惡木吾心甚慰雖暫棲枳棘亦自無妨居易俟命守定宗旨到底不錯也秣陵事平後南方風鶴之驚或可暫息惟世局總是江河日下之象淵明與俟齋所値之時當不如此因物以付吾心自有主宰汝可勿慮　以上癸丑

諭同龢同萊

汝兄弟在家宜諸事撙節惟幫助親族等類宜稍從寬此亦栽培元氣之一道也科名一事看今日時局誠不足重然統中國利弊言之此事在中國尚算好處中國之所以敗壞者乃在官場不在士林也試看以後學堂所培養之人才必與官場同一不堪矣此

非有激之談日後自知 癸卯

我生平未取非義之財今年已六十一歲此事尚堪自信惟素性不解治生自乙未至壬寅八年之中席不暇煖致有許多債累現在如極力撙節每月俸薪所餘計此三年之內債項可清却不能有餘款爲以後家中衣食之計汝兄弟此後宜亟圖自立之策大凡要做好官總須家累輕做官之日家中仍是寒士本色則其後人必昌若居家一沾官氣未有不速敗者也何謂寒士本色汝兄弟可問汝母三十年前度日光景便是想汝母尚記憶能詳言之聖人言君子有三戒及其老也血氣既衰戒之在得我暮年始入仕途須保此晚節不負生平近日看薛文清集見其中書諸葛武侯出師表後一篇義利二者不能並立讀之悚然今將此鈔寄汝兄弟一閱

俄日開仗後已半月尚未續聞警耗刻下高麗全境將爲戰場此

固十年前日本與中國所力爭爲完全自主之國者也現在中國徧地皆日本報館其議論之譎詐消息之虛幻憑空揑造與實事全相反而閱者不知互爲傳播此最可慮但此風不獨內地外洋亦然汝兄弟現亦毋須與人爭辯以觸衆忌但沈幾以觀變可耳目前處世之道惟有存心忠厚進德修業可以解厄免禍德業始基齊家而外首先睦族吾擬自今年始每歲族中除常款接濟外另籌百元專爲周恤諸人急用汝兄弟須善體我意能令族中大事化小事小事化無事不但保全祖宗體面亦免累我聲名此意幷望與二叔言之至囑至囑至於地方風俗轉移責在紳衿吾雖不在家鄉然當引爲己任錫金戒煙局係我昔年具呈都察院請辦之事急應復設金邑尊伊峻翁與我舊相識前在滬上見其尙是書生本色茲已致函懇其提倡矣　甲辰

諭從子同莘

聞豫巖先生每日講人譜一段此書最好姪能自幼明白道理終身受用不淺較之做文章更爲切要 甲午

目下緊要工夫以看書爲第一綱鑑現看到何朝代於古來治亂人才賢否政事得失胸中亦有所見否如能見到此則作文自有議論才思更進一層矣除綱鑑外小學人譜宋名臣言行錄三書可常置案頭時時翻閱優游涵泳則於做人道理自然明白他日不但文理勝人即人品亦不同流俗矣 乙未

連接來信悉到鄂後已進督署學習甚慰但能處處留心自然識見日長我倡辦禁煙之意乃今日中外盛衰大局轉機非僅爲一鄉一縣而設祗因京外諸臣無人敢言及此故由民間自辦此事並非毫無把握不過力爲其難衆情不免自怯但人人存畏難取巧之見大局安有轉機耶 庚子

正月十二日自陝西起程本月初二日到晉身體粗安眠食照常

可慰遠念在陜月餘目擊行在情形毫無振作之機大臣則燕雀處堂庶僚則雞鶩爭食三千里崎嶇風雪一腔熱血化作冰銷言之可痛心也俄人許還東三省地此出俄人欲見好中國之意而廷臣猜疑百出　朝命致國書於俄主滋帥屬我起稿　慈聖閱後亟爲許可於臘月二十日電遞到俄元旦得俄主復謝國書謂所言實獲我心深爲欣慰當將約款所索利益刪減數條定稿送來并囑早日畫押即將東三省交還而政府聽英倭讒間之言仍遲疑未決我瀕行又竭力開陳勸其勿爲英倭所惑早日收回以保全大局自到此後接陜西電信知此約竟未畫押是俄人既不將東三省歸還恐各國撤兵無期　回鑾之舉未卜何日此間號爲洋務局其實目前所辦者祇清理教案一事去年毓撫之悖謬實出人意想之外此時收拾頗費手也

姪欲留心時事頃認眞體認切勿學矮人觀場凡事非胸有確見

第扣盤捫燭侈口妄談未有不貽禍大局者汝此時尙係局外旁觀戒之戒之以上辛丑

得汝中式後來函欣悉一切憶我廿五歲時方應鄉試南北闈六次始登賢書與汝今日難易迴別披閱來書具見歆然不自滿之心又因我出使外洋引古人再實之木爲懼所見高遠少年人難得有此胸襟可喜之至場中文字放膽抒寫小心檢點得失聽之於命不必過事矜持同伴中須親近正經人時下新學一派敬而遠之可也我到此三月義國君臣相待禮文極爲周到尙無英法等國藐視中華習氣初來酬應頗繁近稍淸閒矣

愼重譜系原爲敬宗收族而設今吾族自廷元公一派各房子孫多貧乏不能自存失教失養責在吾家我目前雖略有津貼亦不可恃滿差之後即難爲繼須及早想法可與汝父親商之近來內地風氣日壞報館猖狂學堂鼓譟大非佳象其始自一二當道倡

之以為得風氣之先今報館已橫不可收拾而學堂尚在推波助瀾未知異日何所底止中夜徬徨憂心如擣 以上癸卯

鄂中新說盛行風氣日壞吾姪天資甚高必已灼見其非務望刻苦凝靜闇然自修力屏時下浮囂習氣至囑至囑姪年力正富已登賢書但能循序漸進前程自遠勿存見小欲速之心宦途中人大約祇知富貴利達而不甚措意忠信名節擇交一事尤宜審慎館中如有暇宜多讀先賢有用之書以收歛身心朱子所輯宋名臣言行錄呂叔簡呻吟語宜常看湖北書局有胡雲閣先生弟子箴言一書近揚州所刻四語彙編均簡要篤實旅館獨居即奉此為師友可也

今日處世相時而動擇地而蹈自是守身要義切不可作矮人觀場致詒後悔 以上甲辰

目疾刻已愈否既有此恙以後宜省用目力少看書或每日添一

項靜坐時刻體會古人尊德性之旨做反觀內省工夫亦於養生
有益少年爲學貴努力尤貴量力也　乙巳
接來書知荷南皮宮保委辦文案從此閱歷漸深蔚成大器將來
從政臨民自有把握欣慰之至來函述香帥不主立憲之說足見
老成謀國不同時彥未知能將此中流弊剴切上陳否京官改後
惟吏禮二部都察院未大更動此外幷添各部頭緒紛繁靜言思
之於國計民生有何裨益不過庸人自擾而已目前可言之事尙
多惟呈請代奏總多窒礙必能封事上達方可一罄其愚耳　丙午
姪以少年爲名公賞拔筆墨之外兼能於操履致愼在幕府爲得
士在家庭爲亢宗良可欣幸我到京後倏已十月年節又蒙　恩
賞綢緞普洱茶等五月之中三拜　君賜撰之臣子致身之義似
未可恝然言歸惟是今日政府用人宗旨與　朝廷恩典兩不相
涉久留京師亦無可藉手以爲涓埃之報去歲曾擬一封事請停

改外省官制後讀鄂省與考察政治館電指示詳盡爲之心折因
亦未上　丁未

所擬禁煙條例處置甚當此事目前辦法總以縮短期限爲第一義且禁種之期各省已經縮短若販賣之期不早限止必至洋藥暢銷而吸食仍無已時深可慮也

京中近年極講應酬此等無益之事宜力求減少不獨惜財亦保養精神之一道也　去年在京時曾與姪言及同治三年五月祖母疾危大姑母焚香告天求以身代未及旬日大姑母以急痧長逝而祖母之病霍然全愈從此以後二十九年祖母未嘗有小疾苦此其純孝所感實已上達穹蒼每一念及此事如不請旌將來必致湮沒問心良切不安唯向來呈報孝女大抵未經適人在家侍親者多因憶數年前在邸鈔中見定興相國兩女皆以孝行旌且俱在出閣之後想伊家必有旌表文冊姪可就近向鹿宅求一

本寄粵如不可得或託熟人之官禮部者取舊案一查亦好傳狀事實當撰就寄京 以上己酉

瑞兒在京須姪隨時教導得暇即看史書兼讀唐宋八家文或有長進姻事須第一訪明女子性情不可徒攀門第歷觀家門盛衰子弟賢愚大抵得之母氣為多大雅既醉之詩云釐爾女士從以孫子此言洵不虛也我近來精神尚好興會亦佳前日與同人結銷夏會會必賦詩茲將初二兩集之作寄汝一閱此調已久不彈亦尚不失頑固本色耳 庚戌

聞汝父親凶耗悲不自勝吾姪星馳歸里竟未及一見傷哉我已暮年失此雁行回思少時友愛中年離別一一如在目前而今已矣老懷其何以堪此

所撰哀啟大致尚妥茲改定數語寄回京師新內閣組織粗定已成大權旁落之勢天下本無事庸人自擾之此後殆不堪設想我

自聞汝父親之變興致遠不如前惟念此行爲禁煙而來總須得所藉手方可出京耳

時局如此以後祇可絕意仕途溷跡樵漁自適己事而已借此斗室作湖上水居觀落得心地空曠省却多少煩惱黃綺赤松吾儕侶也姪以爲何如

上海信云望屺請郵且緩辦其夫人猶望伊生還也

閱日報似此後政局必變爲共和我意民軍所占據者祇有十二省現直隸奉天吉林黑龍江河南山東山西陝西甘肅新疆十省尚無共和思想（山陝保土匪與南方民軍不同）若召集臨時國會南十二省必主共和北十省一經鼓煽恐亦未能一律尊奉君主屆時以多數取決不獨無以保全皇室且恐此後各省競爭爲禍未息若及今提議北十省及蒙回藏藩屬用君主立憲南方各省用共和立憲由政府握定宗旨請各國就此意排解以三年爲期如三年之內北

方安靜而南省擾亂則三年後南省亦遵君主立憲如南省秩序無失而北方仍前腐敗不能整頓則三年後北方亦用共和立憲蓋立憲政體驟以施於中國本無把握不如俟以三年就實效觀之此後再歸統一較之臨時國會但憑衆口臆決似有實際擬就此意作一說帖呈之當軸而年衰筆鈍恐未易動聽娃可代我作之以速爲妙 以上辛亥

我從新春起取陶詩放意樂餘年之句自號樂餘老人煩覓一稍佳石章刻此四字帶來

我三月廿一日回里四月八日由錫來滬此間議論又與北方不同然熱情富貴則一所謂安其危而利其菑樂其所以亡者是也此時南北均不能安靖而北方風氣較爲樸直人心尚知有君父將來被禍必較南方爲輕自以且住爲佳此時營求誠不必耐苦安貧即是明哲保身之道

范兒調部辦事雖曰卑官末秩究非志士所安然既無恒產不能潔己家食吾亦祇可聽之藺華兩兒以其俸入按月寄歸以供家用此在人子之分則然惟係效力民國所得我不願享此甘旨擬從今以後自食其力君子三戒血氣既衰戒之在得宋儒謂聖人同於人者血氣異於人者志氣吾幸志氣未衰以今視昔殆不減壯年歲寒知松柏之後凋負遡前途會當努力耳

我料不久京外均有大變姪與諸兄弟均宜相機度勢而行吾家世代忠厚子孫宜免於禍惟近年邪說既熾衆意將君臣名分抹却并其固有之良心而棄之此則萬萬不宜從衆來函告我以孫夏峯李天生為法目前時局絕異勢不能步趨倘父鷹揚武公抑戒留以有待庶幾近之

仁山道經青島所覩聞不過如此想見四維不張大亂之挽回不易然天理不能澌滅則人心總有轉機靜以待之可矣吾姪在著

編輯條約夜歸輯錄文襄遺稿專意筆墨不問世局之蜩螗甚善甚善惟用心不宜過勞既覺疲倦即宜量力節減以喬養精神爲要以上壬子

得來函閱悉一切游西苑詩感喟蒼涼不堪卒讀哀文組織工雅能以單行之氣運於駢儷之中就文而論亦是佳搆惟吾輩爲臣子者遘此奇變須有慟哭發憤矢澄淸宇宙之心明扶植綱常之念飲冰茹蘖以自刻勵不必耗費精神於妃靑儷白之中吾家累世忠厚蓄積未發年來子弟讀書有成甫經出仕即遭此厄孟子有言守孰爲大守身爲大目前紫色蛙聲決不能久幸善自閟藏如能脫離政界最好我今年處境更窘凡族中幫項及貸款付息全恃典質以應頗難支持始信屢空之境不易處也

得手書云自同治末年我在常熟時起至宣統辛亥三月止與汝父親書三百餘通及歷年與姪書六七十通均分黏成册閱之甚

慰我近來記性日差每擬作家傳譜狀等件往往不能舉其歲月有此信册則四十年間之瑣事展覽時可以觸處追溯良用欣慰

京中舊學諸人定於孔子生日大會孔林我意此事行之今日殊屬不稱天降禍亂綱常掃地此披髮入山之時非投戈講藝之日倫紀不明遑言禮器姪於此事不必盲從

汝父親七旬冥壽移禮懺之貲購地以葬族中貧困之人此舉甚合我意已在青龍山左近購地矣

景廟奉安之期我與同志數人就崇安寺之大悲殿恭設神牌通知閤邑紳耆屆時恭詣行禮者一百餘人衣冠雖不周備拜跪仍循舊制間有誦念遺澤歎息泣下者足見天理民彝之未盡澌滅也以上癸丑

今年爲債累所困又値歲闌無從挪借然有一事不得不辦卽族中久停諸柩亟宜安葬是也近來意興似不如去年則以可嘆可

慎之事多物窮則變以待來年 甲寅

祭範甫文甚佳但時局若此消磨光陰浪費筆墨殊屬無謂以後宜力戒之

求代未得而能謝去繁劇亦差可幸時局至此不可思議安貧寡營斯爲上策 以上乙卯

帶到唐石經孝經拓本挂廳事尺寸恰合東方畫贊規模尚存筆力雄厚展玩一過興頑廉懦立之思此二件甚愜吾意貂褂竟未售去殆尚有復覩昇平之想姑留以待時 丙辰

與楊章甫甥

禁煙一事非心通其意而即議論橫生則局外之言適足誤局中之事呂叔簡先生有云凡十分識見人與八九分識見人語便有不能領悟處譬如人在梯頂四望了然而與梯下人語豈能一一告之祇可示以東西南北方向不迷途徑耳來示謂除二三親友

正言婉諫外竊笑譏訕十有七八此是世俗恒情不足詫異萬無因此自生疑沮之理文甫諸君以此事爲極難及舍姪逃鄂中議論均不謂然皆所謂梯下人語也試問時局至此欲爲轉移一世之計尚有不難者乎六十年前因循苟且皆坐畏難一念誤之愚自問志力足以辦此始敢慨然身任至舍間所望清償宿逋林泉娛老等語固是人情但林泉娛老四字須是百年以前乾嘉間人方能有此受用吾輩處此世界不但無此境亦不必存此心此時即使出仕亦不過憂勤辛苦以終身而已何娛老之有　己亥

時局至此萬非意想所及記得在羅馬時曾有書與足下言立憲政體非可施之中國當時祗是據時勢習慣而論初不料今日成此奇禍此中原因固非一端而推究病根則古人不戢自焚之戒尤爲確論矣　辛亥

復庵遺集卷二十四　終

先君子居恆服膺義理之學於鄉先賢高忠憲公尤所默契一言一動主於誠敬每有所作必起草端書雖與子弟亦然稿本凡數十巨册然未嘗爲傳世計也平日推究中國積弱之由以爲國家之患在養兵民生之禍在鴉片乾隆盛時部庫歲餘銀九百萬兩因添兵六萬餘人歷三十年而國帑爲之虛耗前車之鑒可爲寒心甲午以後司農仰屋嘗欲建議請如富鄭公告宋神宗故事願二十年勿言用兵而當軸方張皇其事無措意者不得已則議禁煙以紓民禍自詣闕上書封章入告以至削牘投贈之言大率必論議及此不知者以爲强聒不合時宜實則　先君子悲天憫人之念未嘗一日而忘逮乎晚年遭值國變絕口不言此事則憂憤益深而心事亦益晦矣不肖等行能無似未克負荷先業謹編次遺稿爲奏議三卷文牘九卷文四卷詩二卷書札五卷家書一

卷凡爲卷二十有四其間涉禁煙者十之五六則以　先君子精神所注不敢湮沒故編輯加詳此外有高子遺書輯要十二卷論語要略八卷當賡續刊印以諗知言君子壬戌四月男同　范等敬識

先伯父生平雅不欲以文人自命竝時摯友若薛季懷范孟和秦堯臣諸先生皆用苦心爲文不克永年　先伯父盡焉傷之謂人當愛惜精神留爲致君澤民之用不宜攻苦若是以故所爲文辭類和平樂易不規規於宗派格律遭時多故未能一伸素抱而志不少衰晚値世變抑鬱寡懽同莘乘間以手編全集爲請則嘆曰此何時乃作此無謂事乎未幾驟歸道山諸兄弟痛念手澤就湮發篋中遺稿相與纂輯而屬同莘任參校之役集凡二十四卷別析詩文書札單行自來鉅人長德類不顧及身刻集而子孫鄭重傳布識者亦不以爲非蓋作者欿然不自滿之心與後嗣不忍沒其親之意義各有在今所編輯猶斯志也壬戌四月姪同莘敬識

復庵遺集勘誤表

名目	葉數	行數	字數	誤	正
奏議一	四	二	八	化	法
奏議一	四	一	十九	無	言
奏議二	四	二	二十四	言	無
奏議三	九	二十五	十三	玩	翫
奏議三	十四	十四	二	玩	翫
出使公牘	二	七	一	彤	錄
出使公牘	五	四	十	一	三
出使公牘	十二	二十六	三四	必謁	謁必
出使公牘	十八	十九	八九	挨拏	拏挨
出使公牘	十九	十四	十二三	爭力	力爭
佐韶牘存一	九	七	十九二十	將因	因將
佐韶牘存一	十三	二十二	十一二	產鑛	鑛產
佐韶牘存二	十一	四	二十三	司	師
佐韶牘存二	十七	一	一二	政韓	韓政
禁煙牘存一	二	六	六	漏字	紳

禁煙牘存一	十一	十五	二十一二	薪車	車薪
禁煙牘存二	十三	二十三	五	思	畏
禁煙牘存二	十六	十九	十六	買	賣
禁煙牘存二	十八	二十三	三	下	外
禁煙牘存二	二十	十五	十八	捐	引
禁煙牘存二	二十五	十七	十六至十九	莫屈負伸	負屈莫伸
禁煙牘存三	十	二十一	一	燈	煙
禁煙牘存四	六	二十五	五	茲	共
禁煙牘存四	二十一	一	二十四五	似盧	盧似
禁煙牘存五	十八	十八	二十一二	發淮	淮發
禁煙牘存五	三十六	八	四	癮	煙
文集一	三	一	十一二	若何	何若
文集一	十一	二十六	五六	太自	自太
文集一	十三	一	十七至二十 四	猶者不可諫來 者往	往者不可諫來 者猶
文集二	一	十一	二十一至末	可卓紀則卓	卓卓可紀則
文集二	十	十二	十九二十	理義	義理
文集二	十九	三	十七八九	蓋得公	公蓋得

文集二	十九	二十六	十四	組	紐
文集三	一	二十二	二十	綠	緣
文集三	十五	十六	十八	來	本
文集三	十八	十二	四	漏字	舉
文集三	十八	二十六	一至四	徵信而有	信而有徵
文集三	二十	二十六	十七	午	戊
文集三	二十五	三	一二	害何	何害
文集四	五	五	一	原	泉
文集四	五	五	二十二	庸	康
詩集一	四	二十六	二	豎	豎
詩集一	五	九	六	詞	祠
詩集一	六	二十六	二	鏡	境
詩集二	二	二十二	六七	畧脫	脫畧
詩集二	二	二十三	十一二三	讖斬朋	朋讖斬
詩集二	三	二十六	一二	翩聯	聯翩
詩集二	九	十四	十八	漏字	集
書札一	二	十六	十六	埸	場

書札一	十	一	二十一至末	在西人近年	近年西人在
書札一	十一	一	十九	歪	耗
書札二	十三	一	二十	宜	需
書札二	十五	八	二十五	玩	惱
書札二	十七	十一	九	命	命
書札四	十二	十	十八	玩	惱
書札四	二十	一	一	與	誤衍
書札四	二十	二	一	漏字	與
書札五	五	一	二十二	横置	可
書札六	二	二十六	一	與	誤衍
書札六	二	二十六	二十四	漏字	與
書札六	十	二十六	二十四五	常宜	宜常
書札六	十七	一	二十二三四	後汝以	汝以後
書札六	二十	十三	十四五	觚操	操觚
書札六	二十四	二十六	七	頃	須